三国志は壮大な人間ドラマ！

英雄たちが縦横無尽に操る〝権謀術数〟は「人間学」の真骨頂《しんこつちょう》だ

❖蜀の諸葛孔明
魏・呉軍を翻弄《ほんろう》し、蜀軍を自由自在に動かす天才軍師

❖蜀の劉備
天才軍師・諸葛孔明の知略と義兄弟・関羽、張飛らの活躍で乱世の平定を目指す

❖**魏の曹操**

名軍師·司馬仲達の策謀と勇将·張遼、徐晃らの奮戦で大陸の統一を目論《もくろ》む

勝つためには「条件」があり、
敗れるには「理由」がある!
…その勝敗を分ける鍵《かぎ》とは?

三国志　勝つ条件　敗れる理由

加来耕三・著
Kouzou Kaku
横山光輝・画

JIPPI Compact

実業之日本社

◎はじめに……三国志は虚々実々の人間学の宝庫

■中国・戦国乱世の凄い〝権謀術数〟に学べ

相変わらず、三国志ブームがつづいている。

今度は、ハリウッド映画の『レッドクリフ』がＰＡＲＴⅠ、Ⅱともに人気のようだ。

それだけ、後漢帝国の末期は魅力があるのだろう。辛《から》くも保たれていた法や秩序、治安が少しずつ崩壊し、各地に群雄が割拠《かっきょ》した。彼らは己《おの》れの信ずる〝正義〟を主張し、身に備わった天運と才覚をたよりに、中国大陸を縦横無尽《じゅうおうむじん》に駆けめぐる。

離合集散がくり返され、やがて登場した諸葛孔明《しょかつこうめい》は、「天下三分の計」を語った。この人物は、広大な中国大陸を結果的に、三つの軍閥国家となし、相互に鬩《せめ》ぎ合い、覇《は》を競わせることでバランスをとろうと策謀する。

これほどの壮大なロマンも、歴史上、そう多くはあるまい。ブームがつづくのもうなずける。

しかしながら、昨今の三国志ブームにあやかる書の多くは、三国志の主要登場人物を中心に、誰に比重を置くかといったことにのみ目を奪われ、極言すれば、羅貫中《らかんちゅう》の小説『三国志演義《えんぎ》』を、くり返し記述しているにすぎない。

つまり、どの三国志ものを読んでも、書かれてある内容に大差がないということである。

もう少し知識として掘りさげて、この時代や人物の背景を知ろうとしても、応《こた》えてくれるものは少なかった。そこで筆者は、三国志が実は四国志であったこと、曹操《そうそう》が出現していなければ、日本は高句麗《こうくり》に侵略されていたかもしれないこと、劉備《りゅうび》は華北《かほく》語で孔明が山東《さんとう》語であったこと、孔明のモデルが実在したこと、孔明は三顧《さんこ》の礼で迎えられていないのではないか、といったことなど、現地の調査をふまえ、おりにふれて発表してきた。

また、三国志には『三国志演義』とはまったく別系統の、長い歳月を経て民衆の中に溶け込み、代々、伝承されてきた荒唐無稽《こうとうむけい》な〝柴堆《さいたい》三国（志）〟があることも明らかにした。

ちなみに、〝柴堆〟とは、柴《しば》を積みあげた山のことを指し、中国の農民たちが労働の合い間に、一息いれながら、お互いのとっておきの三国志――自家に伝承されてきた、または、自分たちの創作した物語を、交換し合ったものをいった。

――お陰をもって、従前からの三国志ものにあきたらず、より深くより広く、と望まれた読者諸兄の多大なご支持を得て、筆者の作品はいずれも好評を博してきた。

――この間、読者諸兄からは、実に多くのお手紙をいただいた。

その中でも、三国志の奥深さ、懐《ふところ》の広さを知るほど、こうした叡智《えいち》を現在の日常生活に応用できないものだろうか、ぜひ、ビジネスの現場で参考にしたいのだが……、といった問い合わせが多数を占めたのは、筆者にとって驚きであったといっていい。

とはいえ、三国志に登場する人物や事件、戦争などの事例は、千差万別――なんらかの基準でも設けねば、質量ともにありすぎて、まとめることすら覚束《おぼつか》ない。

時代背景も、考慮する必要がある。倭《わ》の女王・卑弥呼《ひみこ》が、魏《ぎ》の明帝《めいてい》に使者を派遣した二三九年は、諸葛孔明の死の四年後であった。当時の人々の生活は、考古学の世界に属している。日本史から直視すると、三国志の世界はあまりに遠すぎた。

そこで、現代人がビジネスの場や対人関係に参考となる、歴史心理学――ありていにいえば、〝権謀術数〟に重点を置いたものを、集めて解説することを工夫してみた。

そうして刊行したのが、前著『三国志　人を動かす極意』(実業之日本社刊)であった。

〝権謀術数〟などというと、いかにも暗く、邪悪な陰謀のように思われるかもしれない。目的のために手段を選ばず、たくみに人をだます詐術《さじゅつ》と解釈される方もいよう。しかし、これは〝権謀術数〟のいわれなき汚名である。

なぜなら、〝権謀術数〟とは古代中国において発達した人間関係の技法であり、力ずくで無理を押し通すことなく、自然と自分の意図する方向へ相手を動かすための遠隔操作法のことをいった。

とくに、権力も金も腕力もない人が、その非力をカバーしながら、乱世のなかを生き抜くすべを研究したものである。小書は前著を底本とし、さらに時勢を考え、内容をセレクトしたものである。

小書では読者の便宜を考え、中国三千年の叡智『兵法三十六計』を柱とし、このほか『三国志演義』に登場する〝権謀術数〟――「計」(「着」「策」も同じ意)――をいくつか集めた。そのうえで各々に、三国志の事例やそれに類したケースを、具体的に挙げ、戦略・戦術の奥にあるもの、混迷の時代を生き抜くノウハウを明らかにした。

おそらく、三国志と『兵法三十六計』を合体させる試みは、小書をもって嚆矢《こうし》となるのではあるまいか。加えて、『孫子《そんし》』『韓非子《かんぴし》』『呉子《ごし》』などの名著からも、適宜、語意を補足した。あわせて、筆者の興味で項羽《こうう》と劉邦《りゅうほう》の戦いにも言及している。

――小書は、どこからページをくっていただいてもよい。

三国志の物語とともに、小書をくり返し読んでいただいて、そのノウハウを摑《つか》んでいただければ、対人関係も思いのまま、相手をその気にさせ、操作することもできるはずである。

なお、小書刊行にあたっては、筆者が敬愛してやまない、漫画界の巨匠で、不朽の名作『三国志』（潮出版社）の作者でもある横山光輝先生に、生前、書き下ろしのカットをお願いするとともに、作品集の中から、各々の名場面のシーンを任意に借用できる幸運を得た。今回も改めて、紙面の彩《いろど》りを添えていただいている。

末尾になりましたが、出版に関しては光プロダクション代表取締役社長の横山輝利氏、同会長の徳永俊子氏、ならびに潮出版社代表取締役社長 西原賢太郎氏のご高配を賜《たまわ》った。担当いただいた実業之日本社・学芸出版部次長 荻野守氏ともども、この紙面を借りて、心より厚くお礼を申し上げる次第です。

平成二十一年三月吉日　東京・練馬の桜台にて

加来　耕三

三国志

勝つ条件 敗れる理由

【目次】

三国志 勝つ条件 敗れる理由 ◎目次◎

第五章
相手の虚をつく『秘計《ひけい》』で勝つ極意

装幀❖杉本欣右
装画❖横山光輝
本文まんが❖©光プロダクション（『三国志』／潮出版社刊）
本文デザイン❖笹森識

第一章

相手の隙《すき》につけ入る『詭計《きけい》』で勝つ極意

【第1計】勝つ条件

瞞《まん》天《てん》過《か》海《かい》の計

☯……天を瞞《あざむ》いて海を過《わた》る

［兵法三十六計］

敗れる理由 相手に対するイメージに人はどうしても縛られてしまう

◎鉄壁の敵陣包囲網を突破した名将・太史慈《たいしじ》の詭計《きけい》

天はすべてを知っている。「天を瞞《あざむ》く」とは、白昼公然、衆人環視のなか、なにごとかをなそうというもので、この場合、行動には二種類がある。

一つは、「暴虎馮河《ぼうこひょうが》」のたとえにあるごとく、素手で虎を打ち殺し、黄河に橋をかけて渡るといった、無謀な勇気をふるい起こして、実行できるか否か不明のことを見切り発車させるというもの。

いま一つは、〝習慣〟や馴染《なじ》み、目の錯覚といった人間の心理を利用し、人の意表を衝《つ》く策略――。

前者は、本書の読者がとるべき道ではない。当然、後者である。

「擬装」＝カモフラージュといってもいい。相手の常識、習性といったものを逆手に、油

断を誘い、一瞬にしてことを成す。

ここに、『兵法三十六計』の好例がある。

三国志の時代――呉の孫策《そんさく》に仕えた名将に、太史慈という人物がいた。字《あざな》は子義《しぎ》。東萊《とうらい》郡黄《こう》県の人である。その若き日の挿話《エピソード》に、次のようなものがあった。

後漢帝国の末期、北海《ほっかい》国の宰相である孔融《こうゆう》が、駐屯地の都昌《としょう》で黄巾賊《こうきんぞく》の大軍に包囲され、下手をすれば殲滅《せんめつ》を余儀なくされる、といった局面に追い込まれた。

太史慈は老母の命をうけ、かつて孔融から深い恩義を受けたことがあったから、さっそく都昌にかけつけると、ひそかに城内に潜入して孔融と接触した。

「われわれが助かるためには、緊急を要する。近くの平原《へいげん》県に救援を要請するしか方法はないのだが、包囲がかくも厳重では、どうすることもできない」

ついでながら、この時点での平原県県令は、のちに蜀を興す劉備であった。

孔融の嘆きに太史慈は、いまこそ旧恩に報いるときとばかり、すすんで困難な使者の役目を買ってでた。まさに、火中の栗を拾うに似ている。

――しかし、太史慈にはそれなりの勝算があった。

まず腹ごしらえをすませて、明け方を待った太史慈は、部下二人を従えて城門を開いた。

すわ脱出か、と黄巾賊の兵が色めき立つなかを、なんと太史慈は悠々と馬から降り、城の塹壕《ざんごう》のなかに入ると、標的を地面に突きさし、のんびりと弓矢の練習をはじめたのであった。

賊兵たちはあやしみながら注目していたが、太史慈は準備した矢を全部射《い》終わると、そそくさと城内に戻った。

翌日の朝も同様、太史慈は射撃の練習に現れたが、黄巾賊のなかには、「ああ、また練習か」と警戒心を柔らげ、注視しない兵まではじめた。

三日目がきた。

賊軍の将士たちは、ほとんど太史慈の射撃練習に注目することなく、むしろ、長びく包囲にうんざりした様子で、口々に雑談している。警戒の目を向ける者は一人もいなかった。

太史慈はそうした敵の状況を確認したうえで、突如、馬に一鞭《ひとむち》いれるや、一気に包囲網を突破し、軽走長驅《ちょうく》。平原県へいたって劉備に援軍を要請し、関羽《かんう》・張飛《ちょうひ》以下三千の精兵を引きつれ、みごとに大役を果たしたのであった。

この挿話は、守りは万全、と思い込むところには必ず油断の芽が生じること、どのような場合にも、〝完璧〟な守りのないことを如実に物語っている。

◎劉備の裏をかいた陸遜《りくそん》の策略

関羽・張飛といった黄巾の乱以来の義兄弟を、相次いで失った劉備は、周囲のとめるのも聞かず、これまで同盟関係にあった呉を攻撃するため、東征の大軍（蜀漢軍）を自ら率いて成都《せいと》を出陣した。

章武《しょうぶ》二年（二二二）の秋七月のことである。

怒りにもえる劉備は、呉の最前線の巫城《ふじょう》を攻略し、秭帰《しき》城まで怒濤《どとう》の進撃をつづけた。

こうした情勢に、荆州《けいしゅう》南部の豪族たちも決起して劉備軍と合流。

東征は一時、蜀漢軍の一方的勝利の連続となった。夷陵《いりょう》・猇亭《おうてい》の城を占拠した劉備は伸長しきった戦線を維持するために、巫城から夷陵まで、実に七百里の間に柵《さく》を設け、数十におよぶ陣営を張っていた。

一方、こうした劉備の攻撃にたいして、呉では無名に近い陸遜が総司令官に任命され、劉備を迎え討つことになった。

陸遜は後漢の城門校尉・陸紆《りくう》の孫で、九江《きゅうこう》郡の都尉・陸駿《りくしゅん》の子。呉の孫権《そんけん》の姻戚にもつらなる名門の人で、身の丈《たけ》八尺、美男子の偉丈夫《いじょうふ》であったが、これまでは目立った武功に乏しかった。

そのために、ともに出陣した呉の老将たちは、陸遜の手腕のほどを危ぶんだが、案の定、劉備もあたまから陸遜を小馬鹿にしており、将兵たちをして陸遜に散々、罵詈雑言《ばりぞうごん》を浴びせかけた。

もとより、腹立ちまぎれに討って出れば、伏兵をもって一挙に決着をつけよう、と歴戦の人・劉備もかまえていたのだが、陸遜はいっこうに動かない。

陸遜陣営でも血気の将士は、攻撃に転じようと訴えるのだが陸遜はそれを抑えに抑えた。

「山間《やまあい》に殺気がある。まだ駄目だ」

と。連日、陸遜を罵倒する蜀漢軍の将兵は、いつしか劉備と同様、敵の総大将を単なる臆病者と思い込んでしまった。自己催眠にかかったといってよい。ついには伏兵までが、緊張感を失いはじめ、長期の布陣からの疲労も加わった。

「まさに、頃合いだ」

陸遜は諸将を集めると、一気呵成《かせい》に四〇の劉備陣営を、一つおきに二〇ばかり焼き打ちにする作戦を授けた。

蜀漢軍は瞬時に、火勢に押されて崩れ去る。この一戦は劉備の寿命をも縮めることとなったが、〝瞞天《まんてん》過海《かかい》の計〟は、一面で己れ自身にも降りかかることを忘れてはなるまい。

裏をもって謀《はか》れば、また、その裏をもって謀られる。兵法の幻妙はこの極まりない、変通の裏にある。

こうした神変妙通の働きに通じていない者が、なまじ術を施《ほどこ》すと、かえって敵の絶妙の謀略にはまる結果となろう。

人間関係においていえば、人や交渉を〝馴染み〟や〝習慣〟といった思い込みで判断してはいけない、ということに尽きようか。「どうせあいつは」とか「あの人は今までも」といった思い込みが、大変な失策につながることがある。

また、人を自在に動かすには、この思い込みにつけ込むことこそ、最良の策といえなくはない。

【第2計】勝つ条件

反間《はんかん》の計

……敵の間《あいだ》を離反させる

［兵法三十六計］

敗れる理由　仲がよい二人にはつけ入る隙がないものと人は考える

◎項羽《こうう》と范増《はんぞう》を離反させた陳平の計略

反間《はんかん》とは、ありていにいえば、二重スパイのことである。

敵を疑心暗鬼にさそい、その判断力を奪うのを主眼としている。この〝反間の計〟には、偽りの情報を流して敵内部の離間を策し、あるいは敵の判断力を惑わせる効果があり、それには、情報を流すにも、敵の間者を利用するのが最も効果的とされた。

劉邦《りゅうほう》軍が項羽の大軍に包囲され、大苦戦を強《し》いられたときのことである。

陳平は劉邦に献策した。

「項羽のもとにある手強《てごわ》い武将は、実のところ謀臣の范増を含めて、わずか数人にすぎません。したがって、この際は黄金を用意し、間者をもって敵の君臣間を離反させるよう計るのが得策です。項羽はそれでなくとも、感情的で中傷に乗りやすい男ですから、必ずや内訌《ないこう》が生じるでありましょう。そこにつけ入って攻めればよいのです」

陳平の進言を入れて、劉邦は決断すると、直《ただ》ちに黄金数万を準備させ、陳平に全権を委任していった。

「資金はふんだんに使ってくれ。使途は逐一報告せずともよい」

さすがに劉邦は、〝黄金〟の使い方をよく心得ていたというべきか。

陳平は劉邦のこの言葉に勇気百倍、黄金を湯水のごとく使って、間者を項羽の陣営に送り込み、一方で項羽側の間者と目《もく》される者を買収すると、この者たちをも項羽陣営に帰らせて、次のように宣伝させたのである。

「項羽軍の諸将は、いままでにも非常な大功を挙げてきた。が、それに対して項羽は充分な報酬を与えてこなかったため、劉邦側の報酬のよいのに目がくらみ、項羽を見限ろうとする動きがある」

こうした噂を耳にした項羽は、当然のことながら、味方の諸将への疑惑を深めていった。

また、項羽からの使者を迎えた陳平は、豪華な宴席を設けて歓待したが、やがて話し半ばで、さも驚いたという具合に、こういった。

「范増殿の使者と思ってもてなしたのだが、貴方は項羽殿の使者であったのか」

そして用意していた豪華な料理を、急ぎ運び出させると、改めて粗末な料理にかえさせたのであった。

使者は帰陣すると、このことを詳細に項羽に報告した。それでなくとも、項羽は味方の諸将に疑念を抱いていたから、これで項羽は完全に范増を疑い、それからというものは范増の言葉に耳を傾けようとしなくなった。怒った范増は、ついに項羽を見限ると、故郷へ帰ってしまったという。陳平のこの〝反間の計〟にはまった項羽が、その後、徐々に劣勢に追い込まれていったのはいうまでもない。

対人関係において、嫌いな人物ほど〝反間の計〟でほめたたえる、というのはどうであろうか。工夫は千差万別である。

◎人間心理を衝いた最大の計略

〝反間の計〟は別名〝離間の計〟ともいい、『三国志演義』には実に多くの例が登場する。はじめのほうでは、董卓《とうたく》の部将で、董卓の死後、勢力を二分するほどの力をもった李傕《りかく》と郭汜《かくし》が、朝廷の太尉・楊彪《ようひょう》にこの策を用いられて、仲間割れさせられているし、名軍師の賈詡《かく》が馬超《ばちょう》と韓遂《かんすい》を仲違《なかたが》いさせたのも、感情の行き違いを利用した策謀であった。

「汚いやり方ではないか」

と思うのは当たらない。三国志の世界が、生き残りを賭けての戦いを肯定している以上は、はめられた側が、いたらなかったというべきなのだ。

諸葛孔明も、この策謀を用いている。

越嶲《えつすい》郡の太守・高定《こうてい》は、蛮王孟獲《もうかく》と組んだ建寧《けんねい》の太守・雍闓《ようがい》の反乱軍に、城を明け渡してしまう。その上、高定は反乱軍とともに、永昌《えいしょう》郡を攻略しようとするが、このおり、配下の鄂煥《がくかん》（身長九尺で方天戟《ほうてんげき》を使う）が蜀軍の魏延《ぎえん》に捕えられた。孔明は鄂煥を釈放し、帰ってから高定に恭順を説かせるように仕向けた。

そのことが雍闓の疑いを招いた。さらに孔明は、〝反間の計〟を用いて、雍闓に殺害されるのを恐れる高定を利用し、逆に、雍闓をおびき出して殺させる。

それでも孔明は、わざと疑う振りをして、次には、同じ反乱軍仲間の牂牁《そうか》郡の太守・朱褒《しゅほう》をも高定に殺害させ、その功によって高定を益州の太守、牙門将《がもんしょう》に任じた。

ほかにも、馬謖《ばしょく》によって仕掛けられた〝反間の計〟によって、曹叡《そうえい》と司馬仲達《しばちゅうたつ》（懿《い》）の仲が裂かれたり、他の〝計〟として挙げたものの中にも、原理的にはこの〝反間の計〟と同じものは少なくない。

勝つ条件【第3計】

治気《ちき》の計

……その場の気を治《おさ》める

敗れる理由 人間の能力はそれぞれ決まっているものと人は考える

◎若き曹操が用いたあざむきの計

『兵法三十六計』に〝破釜沈舟《はふちんそう》の計〟というのがある。一見、よく似ているようで、実はまったく意味の違う計略に、〝治気《ちき》の計〟というのがあった。

若き日の曹操《そうそう》の、挿話《エピソード》を引いて紹介するのが手っ取り早いであろう。

後漢帝国の斜陽化にともなって、名門の子弟の多くが堕落し、まともな生活態度を失していった。

重臣の子弟であった曹操と袁紹《えんしょう》は、ともに不良仲間で、世にいう「悪友」であり、とんでもない事件を、二人仲よくしでかした。あるときなどは、結婚式へ忍び入って、花嫁を強奪しようとしたことすらあった。どうしようもない若者たち、というべきであろう。

二人は邸内に忍び込むと、庭園にかくれて夜になるのを待つ。彼らの悪質な手口は、ま

ず、頃合いをみはからって、

「泥棒！　泥棒だ！」

と叫ぶ。祝宴で酔っている人々は、不意を衝かれて驚き、おっとり刀で武器を携《たずさ》えて外へ出る。

曹操と袁紹はその隙を狙って、庭から花嫁の部屋に侵入し、刀を花嫁につきつけて脅し、連れ出すのである。

ところがある日、逃げる途中で、袁紹が藪《やぶ》に足を踏み入れ動けなくなった。このままでは発見される恐れがあり、捕えられれば生命《いのち》はない。

曹操はこのときどうしたか。

「偸児《とじ》ここにあり！」（泥棒はここにいるぞ！）

と大声で叫んだのであった。

これは、正史『三国志』が書かれた百数十年後、五世紀の初頭に著された『世説新語《せせつしんご》』に出ている話である。

さて、聞きつけた人々は一斉に、声のする方角を目指して走った。

曹操は袁紹をおとりに、まんまと逃げたかといえば、そうではない。

追いつめられて生命の危険を感じた袁紹が、俗にいう「火事場の馬鹿力」を発揮し、藪から抜け出して、二人はともに逃げおおせたというのである。

これこそまさしく、『孫子』にいう「気を治める」――すなわち、〃治気の計〃にほかならなかったわけだ。

◎疲弊した兵士たちをたちまち蘇らせた曹操の計略

同様に、行軍の途中で水がなく喉《のど》が渇《かわ》いて、疲労困憊《ひろうこんぱい》の将士たちを励まし、行軍のスピードをあげさせようとして、曹操が、

「前方には大きな梅林があるぞ」

と叫んだ話も、原理は同じであった。

曹操の声を聞いて将兵たちは、梅を想像してつばきを出し、俄《にわ》かに行軍速度を早めたという。

ついでながら、曹操の時代、梅実は主として酢の代用として珍重された。「梅汁」「梅《ばい》漿《しょう》」（梅酢と同義語）という言葉がある。梅実は青いままでは中毒を起こすため、熟しかけを採って手を加えねば食用にはならない。その過程で出る汁（塩漬けの場合）が、「梅

みなの者《もの》
もう少《すこ》しの
しんぼうだ
この山《やま》を越《こ》えると
梅《うめ》の林《はやし》がある
えっ
梅《うめ》の林《はやし》
そうだ
そこで
好《す》きなだけ
梅《うめ》の実《み》をとれ
梅《うめ》の実《み》を
たたき落《お》として
食《く》え
梅《うめ》でも!!
そうだ
のどの渇《かわ》きを
うるおしてくれる
ものなら
なんでもいい
みんな
がんばれ
梅《うめ》の実《み》が
食《く》えるぞ
梅《うめ》だ
梅《うめ》の実《み》が
あるそうだ
もう
ひとがんば
りだぞ

酢」というわけである。

中国では日本と違って、梅から梅干しをつくり、食用とすることはない。日本の場合、黄熟寸前の梅実を採取して、塩漬けにし、あるいは乾燥させる。

中国では最後に塩抜きをして（紫蘇《しそ》は用いずに）、かわりに砂糖漬けにするか、砂糖水を加えて、一個一個をしゃぶるのである。後者は、日本のジュース類に添加されているサクランボを、思い浮かべると理解しやすい。

味は多少の酸味があり、甘さもあって、それでいて塩の残味がかすかに効いているというもの――こうした梅実の食し方は、三国志の時代、すでにあったようである。

――話が脇へ逸《そ》れてしまった。

〝治気の計〟である。これは今風にいえば、〝気〟の効能といえそうだ。

人間はいよいよ逃げ場がない、といった絶体絶命の窮地に追いつめられると、自分でも信じられないような力を発揮する。

もし、この力を意識的に出すことができれば、いかなる対人関係やビジネスにおいても、これほど強い味方はあるまい。

【第4計】勝つ条件

笑《しょう》裏《り》蔵《ぞう》刀《とう》の計

……笑いの裏《うち》に刀を蔵《かく》す

［兵法三十六計］

敗れる理由 笑顔で接してくる者に人はつい気を許してしまう

◎関羽を油断させた呂蒙《りょもう》の妙計

〝笑裏蔵刀《しょうりぞうとう》の計〟は、『兵法三十六計』の中ではよく知られた策謀である。

「笑裏蔵刀」とは文字どおり、友好的な態度で接近しつつ、相手が警戒心を解いたら、すかさず一撃を喰らわせる、といった意味合いのもの。

あくまでもにこやかな態度でもって接するのは、相手側の警戒心を柔らげるための、方便であるのはいうまでもない。この策略は、心からにこやかな演出ができればできるほど、真に迫っているほどに、成功の確率は高い。

この策略を仕掛けられた側からいえば、「笑み」の中にどのような魂胆があるのか、すばやく読みとって、対応策を講じる必要がある。そうでなければ、むざむざと敵の術中にはまってしまうからである。

――三国志の中の英雄・関羽《かんう》は、この〝笑裏蔵刀の計〟にうまく嵌《は》められてしまった一人であった。

荊州の最高責任者として江陵《こうりよう》に駐屯していた関羽は、大軍を動員して北上すると魏領の樊城《はんじょう》を包囲した。このとき、呉の司令官として陸口《りくこう》に駐留し、関羽の動静をうかがっていたのが呂蒙であった。この呂蒙については、有名な挿話《エピソード》がある。

呂蒙は汝南《じょなん》（現・河南省駐馬《ちゅうば》店市汝南県）の出身で、義兄が呉の孫策の部将であったところから、呉に居を移すと孫権《そんけん》に仕えた。呂蒙は戦いがはじまると、いつも武功を挙げたが、それはことごとく力攻めの勝利であったという。

そうした呂蒙の勇を惜しむあまりに、ある日、孫権は呂蒙にいった。

「お前に、この上、学問が備わればのう……」

嘆息まじりの孫権の言葉に、呂蒙は奮起一新、それまでは顧《かえり》みることのなかった学問に取り組む。呂蒙の果敢さは学問の上でも発揮された。そして、ついには学者に勝るとも劣らぬほどの博学となったのである。

そうした呂蒙のもとに、周瑜《しゅうゆ》の後任として赴任する途中の魯粛《ろしゅく》が訪れた。呂蒙と話した魯粛は驚嘆していった。

「貴公は勇猛なだけが取り柄の男と思っていたが、なかなかどうして、大そうな教養ではないか。これでは気軽に〝呉下《ごか》の阿蒙《あもう》〟などとはいえぬなァ」

〝呉下の阿蒙〟とは、呉の蒙さんといった程度のもの――気安く呼べるような人物ではなくなった、と魯粛はいうのである。このとき、呂蒙が笑って述べたセリフが後世に残った。

「士、別れて三日、即《すなわ》ちさらに刮目《かつもく》して相待《あいたい》す」（男は三日も合わねば、目を見張るように進歩しているものです）

というのである。右のセリフ、『十八史略』では、

「士、別れて三日、即ち、当《まさ》に刮目して相待つべし」

となっている。なにはともあれ、呂蒙が智勇兼備の武将であったことを、これほど雄弁に物語るものはあるまい。

さて、脇道に逸れ過ぎたようである。話をもとに戻そう。

関羽が北上したのをみた呂蒙は、江陵を奪取するには、またとないチャンスとみた。しかし、関羽もさるもの、呂蒙の存在を軽視していたわけではなく、相応の兵力を江陵に残留させ、呂蒙の侵攻に備えていたのである。

呂蒙は、江陵を奪取するためには、この関羽の警戒心を、まずは柔らげねばならないと

考えた。

そこで呂蒙は、己れは病気と偽《いつわ》って都に引きあげると、後任者として、当時は無名にひとしかった陸遜《りくそん》を推薦した。呂蒙と陸遜では、キャリアといい、名声にしても、比較にはならない。

関羽は、歴戦の勇将・呂蒙に代わり、陸遜が赴任したのを聞いて、やや気をゆるめたようだ。

確かに陸遜は年齢も若く、無名の将ではあったが、権謀術数には長《た》けた司令官であった。陸口に赴任すると、手はじめに関羽に書簡をおくり、その武勇を称賛し、自身の若輩、無能を卑下してみせた。まさしく、〝笑裏蔵刀の計〟である。

下手《したて》に出て関羽の警戒心を、少しでも柔らげようとしたのであるが、関羽は陸遜の計略にまんまと乗ってしまう。陸遜を与《くみ》しやすい、とみた。その証拠に、江陵に残してあった兵力をすべて、樊城《はんじょう》の包囲戦に投入する。

これでは呉への押えがなくなったも同然――呂蒙は密かに軍を率いて江陵に向かい、ほとんど戦いらしきものもすることなく、関羽の諸城を陥《おとしい》れた。

単純な性格の関羽は、このあとあえない最期を遂げている。

◎敵国をあざむいた武王の二段戦法

『史記』の「老子・韓非子伝」にある話だが、戦国時代にも、この計略の好例はある。

鄭《てい》国の武王は、胡《こ》国の攻略を考えていた。だが、相手は武勇で鳴る国であり、一筋縄ではいかない。そこで武王はまず、己れの娘を胡国の王のもとに嫁がせたうえで、ある日、群臣を招集して外征の軍議を催した。

「どの国を攻略するのがよいか」

武王の言葉に、大臣の関其思《かんきし》は、

「攻めるとすれば、胡国がよいかと存じます」

そう進言すると、武王は烈火のごとく怒った。

「胡国はわが国とは、兄弟ともいうべき間柄の国である。その胡国を攻略せよとは、なんたることを申すか」

そして、その場で関其思を殺してしまった。当然のことながら、この事件は胡国にも詳細に伝わる。胡国の王は武王の措置に感動し、鄭国の、ともに友好関係を維持する方針を信じて疑わなかった。それから数年がすぎた。いつしか胡国は、鄭国を完全に信頼し、毫《ごう》も警戒心などもつこともなくなった。

やがて武王の鄭国は、頃合いもよしとばかり、胡国を奇襲すると、一挙にかつての友好国を滅亡させてしまったのである。

真正面から堂々と敵視する者より、内心の敵意を笑顔で包み、心優しげに肩をたたき、あるいは懐に入り込む者のほうが、はるかに恐ろしい存在であることを、この挿話《エピソード》は物語っていた。

こうした手合いは、こちらが警戒心を解いて、内情までさらけ出すと急変する。これでは防ぎようもなく、友好関係を疑い警戒するのも、体面を重んじればなかなかできることではない。

それだけに、この〝笑裏蔵刀の計〟は、あらゆる国家、企業、組織の中に、深く静かに上司、同僚、部下の仮面をかぶってひそんでいる。

対人関係においても、常にニコニコとあなたにすり寄ってきて、決して自分のほうからは多くを語らない人がいたら、一応は注意したほうがよさそうだ。あなたの味方とみせて、実はスパイの公算が高いからだ。なかには、あなたの口から具体的な言葉を出させようとして、さそいをかけてくる手合いもいるので、重ねて注意を促《うなが》したい。

【第5計】勝つ条件

李《り》代《だい》桃《とう》僵《きょう》の計

☯……李《すもも》が桃に代わって僵《たお》る

［兵法三十六計］

敗れる理由　たとえどんな小さな失敗も人はしたがらない

◎**孫臏《そんぴん》のギャンブル必勝の計**

もも、露井《ろせい》の上《ほとり》に生《そだ》つ
李樹《すもも》、桃の傍《かたわら》に生つ
虫来りて、桃の根を嚙《く》う
李樹、桃に代《かわ》りて僵《たお》る
樹木、身をもって相《あい》代る
兄弟にして還《な》お、相忘れるか

（古楽府《こがふ》『鶏鳴《けいめい》』）

中国では昔も今も、春を彩《いろど》る花として桃と李《すもも》をならび用いている。桃花《とうか》の華やかさと李花《りか》の清らかさを一対《つい》と考えているようだが、この〝李代桃僵《りだいとうきょう》〟は、およそ、そうした風情の美しさとは異なり、軍事上の成語として、

「勢イ必ズ損スルアレバ、陰ヲ損《ソコナ》イテ以《モッ》テ陽ヲ益《サカ》ンニス」

といった意味に用いられる。より平たくいえば、李を犠牲にして、桃を手に入れる策略である。

「皮を斬《き》らせて肉を斬り、肉を斬らせて骨を断《た》つ」

といった日本の伝統的戦略と、ほぼ同様であるといってよい。

戦いであるからには、こちらの損害も覚悟しなければならない局面が生じてくる。否《いな》、むしろ損害《リスク》を計算に入れた冷徹な、全体の勝利を考えねばならない場合のほうが、多いともいえようか。

そうしたとき、損害を最小限度にくいとめて、同時に、損害を上回る利益をどこに求めるのか。これを計略するのが、〝李代桃僵の計〟にほかならない。

『史記』の「孫子・呉起列伝」に、孫臏が斉《せい》の将軍・田忌《でんき》の客分として招かれたときの、有名な挿話《エピソード》が載っている。

このころ、田忌は賭事《かけごと》に凝り、斉の公子や王族たちと金を賭けては、競馬を楽しんでいた。あるとき、この競馬に孫臏が招かれて勝負をみていると、斉の威王の所有する馬、田忌がもっている馬も、ともに上、中、下のクラスに分かれていることが知れた。

これまでの試合は、この三クラス――上級同士、中級同士、下級同士が戦い、三戦してその勝ち数を競い合っていたわけである。

そこで孫臏は、トータルで勝つ必勝法を田忌に進言した。

「この方法さえ用いれば、勝利は将軍のものです」

田忌は大いに喜び、公子や王族ばかりではなく、威王にまで、千金を投じた大勝負を挑んだ。そして、いよいよ競馬の当日がきた。

孫臏は田忌に、次のように告げた。

「こちらの最も遅い馬車を、先方の最も速い馬車と組ませ、こちらの一番速い馬を、むこうの二番手に、こちらの二番手の馬はむこうの三番手にぶつければよいのです」

結果は、二勝一敗で田忌の勝利となった。

一敗を甘んじる勇気、捨て石を覚悟の勝利への計算、これのできない者は、

「貧小失大」(小を捨てるのを惜しみ、大をも失う)

という結果となる。これは銘記する必要がありそうだ。

◎孔明が生涯を賭けて策した計略

無能なリーダーほど、局面的な損失に目を奪われやすい。面子《メンツ》にこだわり、名誉を損うまいとする。

真《まこと》の指揮官、経営者は、なにごとにおいても利益と損失の両面から考えるものである。

さて、三国志の物語の中で、この〝李代桃僵の計〟を、最も大きなスケールで策定した人物を、読者はご存知であろうか。筆者は諸葛孔明《しょかつこうめい》だったと思っている。否、この策定こそが、孔明を真の三国志随一の英雄にしたのではないか、そう信じて疑わない。

それは五次にわたった北伐である。

蜀の建興《けんこう》五年（二二七）、四七歳であった孔明は、以後、その生涯を閉じる五四歳までの間、ほとんど不可能としか思えない北伐を、五次（実質上は四次）までも敢行した。

この時期、魏国《ぎこく》は九つの州を支配し、その人口はほぼ四五〇万人に達している。一方の蜀漢はといえば、〝巴蜀《はしょく》〟と呼称された益州一州を拠所《よりどころ》としているに過ぎず、人口にしても九〇万人でしかなかった。

魏に対するに、蜀は五分の一にすぎない。

この人口比率は農業をはじめ、多くの産業においても当てはまり、国力における両者の差は、多分、人口比以上に大きかったに違いない。

兵員の絶対数、経済力の完全な劣勢——これら蜀漢の致命的欠陥は、当然ながら、人材不足をも深刻化させた。

蜀漢帝国の出発点ともなった、劉備の率いた弱小軍閥は、それでも中国各地からの参加者を有し、荊州にいたって後は、孔明、龐統《ほうとう》をはじめとする荊州の人材を糾合《きゅうごう》することで、大きな弾《はず》みをつけた。

〝五虎大将軍〟と称された五人の将軍——関羽、張飛、趙雲《ちょううん》、黄忠《こうちゅう》、馬超も、各々、出身を別にしている。

だが、〝巴蜀〟に閉じ込もった蜀漢帝国では、実戦経験に富む将軍は次第に少なくなり、関羽、張飛といった一騎当千の豪傑が不慮の死を遂げて以来、黄忠、馬超ら名将もこの世を去って、孔明が北伐を開始したときには、千軍万馬の歴戦の将といえば、趙雲だけという寂しい状況になっていた。

しかもこの方面は、新たな人材を補給するにも困難があった。

大国の魏と江南の豊饒《ほうじょう》の地を捨ててまで、蜀の桟道《さんどう》を越え、蜀漢帝国に参加する者は皆無にひとしかったろう。失われゆく老将に比し、新規に加わった将領は姜維《きょうい》ぐらいでしかない。

孟達《もうたつ》との間に、孔明が軋轢《あつれき》を感じるようになるのも、もとをただせば、孟達を御し得るほどの大将軍が、このころすでに、蜀漢にはいなかったことの証明でもある。

このようにみてくると、北伐という軍事行動が、多くの点でいかに無理な企てであったか、誰の目にも明らかであろう。現に、劉備の後継者・劉禅《りゅうぜん》は、幾度となく孔明に、北伐の中止を口にしている。常識的判断からは、北伐よりも国内の安定・充実を図るのが、優先課題であったことに間違いはない。

にもかかわらず、無理を承知で孔明は北伐に向かったのである。

貧しい台所事情を熟知しつつも、戦費を都合し、少ない兵力をかき集めるようにして、はるか遠くの中原《ちゅうげん》への進出にこだわりつづけたのだ。なぜなのか。これこそが〝李代桃僵の計〟ではなかったろうか。

劉備が樹立した蜀漢帝国は、確かに外形は一つの国家であった。が、内情は所詮、地方軍閥の域を出るものではなかったのである。軍閥は、あたかも独楽《こま》が回ることで立つよう

に、戦争をすることでその存在理由を保持し得た。つまり、軍閥はその性質からも、戦う以外に己れを証明できぬ危うさを内包していたのである。

魏は名実ともに国家の体を成している。呉《ご》も孫氏三代の地盤に拠《よ》る土着性において、蜀漢帝国など足許《あしもと》にも及ばぬ堅牢さがあった。ひとり蜀漢帝国のみが、建国の存在証明《アリバイ》をもち得なかったのである。わずかばかりの名分は、先主・劉備が前漢の皇室の血筋であるとの正統論であったが、魏も呉もこれを一笑に付し、認めようとはしなかった。かりに真実、劉備が漢室の血脈者であったとしても、腐敗堕落の挙げ句に衰亡した帝国の血縁を、広大な中国の民衆がなつかしむこともなかったろう。

漢王朝の再興を心底のぞんだ者も、ほとんどいなかったに違いない。

孔明はおそらく、蜀漢帝国が結局は魏帝国に伍《ご》し得ない、いつかは崩壊する、と悟っていたのではあるまいか。しかし、この政権が戦いつづけることでしか存在を証明できぬ上は、孔明としては、どのように損失が予測されようとも戦わねばならなかった。それがまた、先君の遺言でもあったし、座して死を待つよりも少しの可能性でもあれば、わずかな希望に賭けて挑む——この姿勢が、三国志の壮大な叙事詩の中で一際《ひときわ》、孔明を引き立たせ、悲劇の英雄として惜しみない喝采を浴びつづけることに繋《つな》がったのではあるまいか。

国家存続のための軍事行動——それにしてもあまりに大きな策略であった。

ビジネスにおいて、この策略はいろいろなバリエーションを可能にしてくれる。たとえば取り引き先において、交渉の数字が折合わなかった時、損を承知で相手の希望した数字にあわせる、といったことがよくある。とりあえず損をしても、次回にこの損を〝貸し〟として、今度はこちらがトクをしようとの考え方だ。

マイナスをまず引き受けて、のちにプラスをそのマイナスから引き出す——考えてみれば、この〝李代桃僵の計〟の奥は深い。

【第6計】勝つ条件

擒《きん》賊《ぞく》擒《きん》王《おう》の計

……賊を擒《とら》えるにはまず王を擒える
［兵法三十六計］

敗れる理由 人は「正攻法」を用いたがる

◎呂布《りよふ》を滅亡に導いた曹操の気転

杜甫《とほ》の『前出塞《ぜんしゆっさい》』のなかに、

「射人先射馬、擒賊先擒王」（人を射んとするならば、まず馬を射よ。賊を擒《とら》えんとするなら、まず王を擒えよ）

とある。

敵に勝利したいのであれば、まず主力部隊を撃滅し、そのトップを捕えさえすれば、全軍を壊滅させたも同様であるというのだ。

「ソノ堅キヲ摧《コボ》チ、ソノ魁《カシラ》ヲ奪イ、以《モ》ッテソノ体ヲ解《ト》ク。龍、野ニ戦エバ、ソノ道窮《キワ》マルナリ」

中国ではこの〝擒賊擒王《きんぞくきんおう》の計〟は、

「打虎要戳咽喉」（虎を退治するには咽喉《のど》を戳《つ》くべし）
「打蛇要打頭」（蛇を退治するには頭を打つべし）
ともいう。
いずれにしても、「将を射んと欲すれば、まず馬を射よ」の日本流言いまわしと、意味においては変わるところがない。要は、敵の主力あるいは中枢部を壊滅させれば、大局的には勝利であるということに尽きる。
逆にいえば、幾つもの小さな局地的勝利を積みあげようとも、それがそのまま、最終的な勝利に繋がるとはかぎらない。むしろ、局地的勝利は、相手に立ち直りの余裕すら与えかねず、その結果、反撃の余地を残すことになり、こちら側にとって危険性を温存しかねない、ともいえるわけだ。
そうならぬためには、徹底的に相手の〝中心部〟を叩いておかねばならないが、それにはどうすればよいのか。小さな勝利に満足するのではなく、全体をつねに視野に入れた行動こそが望ましいといえそうだ。
濮陽《ぼくよう》（現・河南省濮陽市）に立て籠《こも》る呂布を、曹操が攻めたときのことである。たまたま城内に内通者がでて、密かに攻撃の手引きをしたい旨を知らせてきた。曹操は自ら軍を率いると、夜陰にまぎれて城門に接近した。

そのとたんに、城内に大きな火炎があがり、呂布の軍が撃って出たのである。

「しまった、計られたか」

と後悔したときは、すでに遅かった。不意を衝かれた曹操軍は散々に撃ち破られてしまい、うろたえる曹操の周囲に敵の騎馬が殺到した。彼らは槍を振りまわしながら、口々に、

「曹操はどこにいる」

と叫びながら、走り寄ってくる。それをみた曹操は、とっさの機転で、

「あそこだ。みろ、あの黄色の馬が曹操だ」

とやり返した。

敵の騎馬兵はそれを聞くなり、真の曹操には目もくれず、黄色い馬に乗る将を追って駆けていったという。

呂布はこの戦いで、あざやかな勝利を得たものの、肝心の曹操を討ち洩らしてしまった。そのため、態勢を立て直した曹操によって、四年後には討滅されてしまう。

この計を言い換えれば、〝泣きどころを攻める〟ともいえようか。

事物には必ずといっていいほど、急所といえるところがあるものだ。いかに困難の予想

される外交や商談であろうとも、この急所さえ確実に摑《つか》むことができれば、進展・成功は容易になるはず。

取り引き先の相手を獲得するのも、好む女性の心を射止《いと》めるのも、原理は同じである。

「将を射んと欲すれば、まず馬を射よ」

取り引き先の会社の受付嬢や、担当外の人々であろうとも、その社内の人々には好感をもたれるよう振る舞うべきことを、この計略は教えてくれる。

女性を射止めるにしても、本人へのアプローチもさることながら、その両親をまず味方につけるほうが、成功率は高いといった場合も少なくない。親のいうことを聞かぬ世代が増えたとはいえ、まだまだ、両親の影響力は強い。

――直接のアタックを避け、搦手《からめて》からアプローチする手法は、現代でもかなり有効な、ビジネス戦法かと思われる。

たとえば、ある会社の社長に接近しようとする場合、機会をとらえて、まず、社長の家族や知人へアプローチすることだ。つまり、個人の関係から公の場へ、というわけだ。

この方法は、家族や知人が社長に対して発言力をもっていればいるほど、一層の効果が期待できるというものである。

【第７計】勝つ条件

苦《く》肉《にく》の計

……わが身(肉)を苦しめて敵を欺《あざむ》く

［兵法三十六計］

敗れる理由 誠心誠意の相手に人は心を許してしまう

◎赤壁《せきへき》の戦いを勝利に導いた黄蓋《こうがい》の策略

〝苦肉《くにく》の計〟というと、日本語のニュアンスでは万策尽きてのち、苦しまぎれに打つ手、といった趣《おもむき》があるが、中国では一種のペテン的用法として広く知られている。

あたり前のことではあるが、自らすすんで己れの身体を傷つける者はいない。

それを逆手にとって、わざと自分で自分の身に傷をつけ、それを別の原因に信じ込ませることができれば、敵を誘い込むことも、自分の範疇《はんちゅう》に引き込むことも可能となる。ただし、それには、多少の苦悩・苦痛と演技が必要であった。

中国の辞典には、このむずかしさを、「剜肉補瘡」（肉をえぐり出して瘡《きず》を補《う》める）という表現で呼んでいる。それだけの犠牲を払わないと、味方以外は欺《あざむ》けぬものだ。

『三国志演義』によれば、赤壁の戦いに際して、呉の老将・黄蓋がこの策を採用したとされるが、史実のほどはともかく、この手の策は古来、多くの成功例がある。

三国志時代、呉の大都督《だいととく》・周瑜《しゅうゆ》の率いる水軍が、赤壁の地で曹操の大軍を迎え撃ったときのことである。対岸に浮かぶ曹操の大艦隊、巨艦の群れをみて老将・黄蓋が周瑜に進言した。「敵はいま、大軍を擁していますが、味方の兵力はそれに比べてあまりにも僅《わず》かです。このままでは長くもたないでしょう。しかしながら、対岸に停泊している敵の艦隊は、ゆれるのを気遣《きづか》って、舳先《へさき》と艫《とも》を繋いでおります。あれではすぐに動くことはできますまい。この機を逃さず、焼き打ちをかければ撃退はできるはずです」

周瑜の許可を得た黄蓋は、さっそく数十隻の船を調達すると、焼き打ちの準備にかかった。同時に、密かに周瑜と謀って、焼き打ちを成功させるための策を二つ用意した。

一つは、曹操に密使を派遣して降伏を申し入れる。しかし、それだけでは名うての曹操を、信頼させることができない。そこで採用されたのが、〝苦肉の計〟であった。

黄蓋は、軍議の席で降伏論を述べて譲らず、周瑜の怒りをかって公衆の面前で百叩《たた》きの刑に処された。肉は裂け、骨は鳴り、さしもの黄蓋も陣屋に運び込まれたときは気を失っている。その有様は、呉軍の陣屋にもぐり込んでいた曹操側のスパイによって、逐一、曹操のもとにもたらされた。はじめは黄蓋の降伏申し入れに半信半疑であった曹操も、これ

で、ようやく信用する気になったようだ。

この結果、曹操は、黄蓋の船団が接近したとき、降伏してきたものと信じて警戒を怠り、容易に〝焼き打ちの計〟を許してしまったのであった。これが有名な「赤壁の戦い」のハイライトとなった。

取引先の信頼を勝ち得るために、ビジネスマンが休日を返上し、相手先を接待したり、個人的なことを手伝ったり、ごまをするのは古典的ではあるが、有効な手法には違いなかった。

身を削るように、ときには病気をおして、怪我をしながら、といったフレーズをもち込むと多くの場合、相手先の態度は軟化するものだ。ぜひ、おためしのほどを——。

【第8計】勝つ条件

無《む》能《のう》安《あん》示《じ》の計

……無能を示して敵を安《やす》んずる

敗れる理由 弱みをみせる者に人はつい油断してしまう

◎ボケ老人を装った仲達の秘策

無能安示《むのうあんじ》とは、あえて無能を装い、相手（敵）を安心させておいて、一気に反転攻勢にでる計略をいう。

出典は明らかではないが、司馬仲達《しばちゆうたつ》が最も得意とした計略であったのは、史上、間違いなさそうだ。

明帝の臨終に際して、跡継ぎの曹芳《そうほう》を、大将軍の曹爽《そうそう》（字は昭伯《しょうはく》）とともに補佐するよう、とくに言葉のあった仲達だが、その政権簒奪《さんだつ》の野心をさとられたのか、心ある朝臣たちは朝廷の権力を、いま一人の後見人・曹爽に握らせ、仲達を名誉職にすぎぬ太傅《たいふ》（幼帝の教育係）に格上げし、あらゆる実権職から遠ざけた。

一方で曹爽（というよりも、その腹心の丁謐《ていひつ》）は、曹爽の弟をすべて列侯とし、権力基盤を固めて、積極的に人材登用を実施、曹魏政権の立て直しを図った。

このまま時が推移すれば、これまで培《つちか》ってきた、蜀漢や燕《えん》に対する仲達の軍功は、過去のものとなって、その影響力は日増しに衰えてしまう。

仲達は巻き返しをはからねばならなかったが、曹爽のブレーンで沛《はい》国出身の丁謐（皇帝秘書）や南陽出身の何晏《かあん》（官吏選考の総裁）、鄧颺《とうよう》（皇帝秘書）、あるいは東平出身の畢軌《ひつき》（警視総監）らは、なかなか手強《てごわ》い相手であった。

「一挙に、覆《くつがえ》すしかあるまい」

ここで仲達のとったのが、〝無能安示の計〟であった。

仲達は病気を口実に邸に籠《こも》り、鳴りを潜《ひそ》めた。政敵の曹爽にすれば、不気味でならない。真に病気なのか、それとも単なる口実で何かを謀《はか》っているのか、気が気でならなかった。

そこで曹爽は、荊州の刺史《しし》（長官）に任命した腹心の李勝《りしょう》に、赴任の挨拶《あいさつ》と称して、仲達の様子を探るように命じる。李勝が司馬邸を訪れると、仲達は侍女二人に両脇を支えられながら李勝を引見した。

肩から着衣がずり落ちても、自身では直せず、喉《のど》の渇きを訴えては、侍女の差し出す粥《かゆ》の碗《わん》すら自ら持つことができない。粥を口の中に入れてもらう端からこぼす。どうみてもボケているとしかみえない。

仲達の演技は、余程、上手《うま》かったのであろう。李勝は仲達の痛ましい姿に、思わず落涙する。

李勝が荆州の刺史となり赴任する旨を告げると、仲達は幷《へい》州と聞き違え、

「あの地は胡《えびす》に近いから、よくよく心して治めてもらいたい」

ととぼけた。

李勝は訂正をするが、仲達は一向に間違いを改めるでもなく、支離滅裂の受け答えに終始した。

この仲達との会見の模様を、李勝から聞いた曹爽は、すっかり仲達の策略に嵌《はま》ってしまった。

仲達はこのボケ老人のふりを、しばらくの間つづけた。あせりは禁物《きんもつ》である。攻勢に転ずるからには、一度に、ことは決してしまわねばならない。やがて、機会が訪れる。

正始《せいし》一〇年（二四九）正月、皇帝曹芳は曹爽とその兄弟の曹羲《そうぎ》・曹訓《そうくん》・曹彦《そうげん》らを従えて、都の洛陽をあとに父・明帝の陵墓である高平陵《こうへいりょう》に参詣《さんけい》した。

仲達はこの機をのがさず、子の司馬師《し》が中護軍として掌握していた近衛兵の一部と、腹

タラ
タラ
あらあら
太傅《たいふ》さま
のう李勝殿《りしょうどの》
わしも病《やまい》に
勝《か》てぬ…
そう長《なが》くはない
じゃろう
わしの死後《しご》
二人《ふたり》のせがれを
どうか導《みちび》いてやって
くだされ
ゴホ
ゴホゴホ
失礼《しつれい》して
横《よこ》になる
……
お大事《だいじ》に
おう
そちも達者《たっしゃ》
でな…

心の私兵三千を糾合し、クーデターによって瞬時に洛陽を占拠したのであった。

ボケ老人を装う一方で、仲達は反曹氏勢力の抱き込みもしており、軍事大臣に相当する太尉の蔣済《しょうさい》をはじめとする、魏帝国の元老や重臣の支持を取りつけ、宰相職の司徒・高《こう》柔《じゅう》を大将軍代行とし、敵の本拠地ともいうべき曹爽の軍営を占拠した。

また、洛陽城内の武器庫を押え、太僕《たいぼく》・王観《おうかん》を中領軍事にすると、曹羲の軍営を占拠させて、曹爽派の武装解除を一気にやってしまったのである。

そのうえで洛陽城を封鎖すると、仲達は皇帝曹芳に上奏し、曹爽の行動は先帝の命に反したもので、国法を乱し旧臣を排除し、佞臣《ねいしん》を用いて権勢をほしいままにしたため、止むなくクーデターに及んだと釈明したのであった。

大勢はこのとき、すでに決していたといえよう。

現在でもときおり、企業内クーデターが報じられることがある。原理はいささかも、三国志の頃とかわらない。敵を油断させ、その裏で着々と反攻を準備し、時いたらば一気にクーデターをやる。

読者諸兄は、本書によってその仕組みを理解されたことと思う。

第二章

相手の思惑《おもわく》につけ込む『謀計《ぼうけい》』で勝つ極意

諸葛孔明

【第9計】

連《れん》環《かん》の計

……環《わ》を連《つら》ねて敵を葬《ほうむ》る
［兵法三十六計］

敗れる理由 強い力を持つと、人はその力を過信するようになる

◎呂布に董卓《とうたく》を討たせた美女・貂蟬《ちょうせん》の策略

「連環《れんかん》」とは読んで字のごとく、環《わ》を連《つら》ねて鎖状にしたもの。たとえば、「連環画」と称する絵物語が、中国では現在も子供たちにうけている。三国志ものや孔子、孫子などがある。

この〝連環の計〟は、強大な敵に対して正面からの戦いを避け、陰謀をめぐらせて連続性をもたせ、それによって相手を翻弄し混乱させる策略のこと。心身ともに疲労させて、敵の力を弱めるのが肝要であり、その成功によって勝利を得る手法である。

将多ク兵衆《オオ》ケレバ、以《モ》ッテ敵スベカラズ。ソレヲシテ自ラ累《ツカ》レシメ、以ッテソノ勢イヲ殺《ソ》グ。師ニ在リテ中スルコト吉ナリトハ、天寵《テンチヨウ》ヲ承《ウ》クレバナリ。（『兵法三十六計』）

初平《しょへい》元年（一九〇）正月、反董卓《とうたく》連合軍が一斉に挙兵した。翌二月、これに対抗して董卓は、長安へ遷都を強行する。

隴西《ろうせい》出身の董卓としては、己れの勢力圏で守勢につくのが得策と考えたようだ。

「事成らば天下に雄拠し、成らずばこれを守りてもって老を畢《お》うるに足る」（『魏書』）

うまくいけば天下をわが手にとり、そうでなければ、蓄えをもとにこれを守って、生涯を安楽に暮らすだけだ、といった意であるが、これはあまりにも虫がよすぎた。

董卓の失敗は、彼自身が国家をおさめる策をもたず、確固たる方針も示せず、武力をもってのみ権力を握ったところにあった。これでは周囲が納得しない。

宮廷の混乱を憂いたのは、反董卓連合軍だけではなかった。宮中の官僚たちも、心ある者は、ぜひとも董卓を排除したいと考えていたのである。

司徒の王允《おういん》も、その一人であった。

逆賊董卓を討滅したい。だが、一兵の武力をも保有しない王允には手がくだせなかった。ましてや董卓には、当代随一の武勇・呂布が、その身辺を護衛している。

ここからは『三国志演義』の話であり、正史にはないくだりである。

ある夜、庭先でもの思いにふけっていた王允は、月を仰いで、思わず涙を流したが、このとき、物陰で女のため息が聞こえた。王允家の歌妓・貂蟬であった。

一六歳の貂蟬は、美貌と美声をもって知られ、また、美人であるばかりか、思慮分別のある乙女であった。

「もし、王允さまのお役に立てるのでしたら、わたくしは生命をも厭《いと》いはしません」

王允の脳裡に電光が走った。ある謀略が浮かんだのである。

まず、呂布に貂蟬を引き合わせ、呂布をとりこにして貂蟬を与える約束をする。次には、貂蟬を呂布の主人・董卓に合わせて、貂蟬を与えてしまう。

無論、そうとは知らぬ呂布には、董卓が貂蟬をいったん引き取ったうえで、呂布に娶合《めあ》わせようといっていた、と語る。当初は期待に胸をはずませた呂布も、すでに貂蟬が董卓の囲い者となったことを知れば、やがて、怒りも凄まじく、董卓を殺すに違いない。

ただ、この計画を成功させるには、当の貂蟬の絶妙な演技が不可欠であった。

さらに、火に油を注ぐ必要もある。

計画どおり、董卓のもとにおくられた貂蟬は、徹底した献身ぶりを示し、一方で、嫉妬に気が狂わんばかりの呂布が寝室をうかがえば、貂蟬は董卓に気づかれぬよう、悲しみに満ちた素振りを演じてみせた。

つろうございます
想《おも》う方《かた》とは一緒《いっしょ》になれず心《こころ》にもない人《ひと》と一緒《いっしょ》にくらさねばなりませぬ せめてお姿《すがた》だけでも毎日《まいにち》みせてくださいませ
貂蝉《ちょうせん》
おぬしらそこで何《なに》をしておる

そして、裏庭の鳳儀亭《ほうぎてい》で呂布と密会しては、

「すでにこの身は汚れてしまった……」

と池に身を投げる仕草までしてみせ、かたやその現場をみた董卓が、呂布に手槍を投げて貂蟬をなじれば、呂布が怒りを抑《おさ》えて立ち去るのを見計らい、貂蟬は、

「手ごめにされそうになりましたので、池に身を投げ……」

と訴えた。

やがて董卓は宮廷におびき寄せられ、呂布の手槍をうけてこの世を去った。

ついでながら、その後の貂蟬はどうなったか。

多くの読者は自害したと思い込んでいるようだが、これは吉川英治氏の小説『三国志』以降の創作によるもので、『三国志演義』では呂布が貂蟬を引きとって、話は終わっている。

もっとも、呂布の娘について述べたくだりに、

「――呂布には二人の夫人と妾《めかけ》が一人いた。まず、厳《げん》氏を正妻に迎え、のちに貂蟬を妾とし、小沛《しょうはい》にいたおり、曹豹《そうひょう》の娘を第二夫人に迎えたが、曹氏は子のできぬままに死に、貂蟬にも子は生まれず、厳氏だけに娘が誕生したこともあって、呂布はこれを掌中の珠のように可愛がった」

つまり、貂蟬は呂布の妾として、生きつづけたことになる。これを最後に、貂蟬の消息は以後、ぷっつりと途絶《とだ》える。そこで、知られざる貂蟬について述べておきたい。

『三国志演義』にはその成立以前、『三国志平話』があり、これには貂蟬の氏素姓が明白に語られている。「元曲」(元代の芝居)の『連環計』にも、同様の話があった。

それらを総合すると、貂蟬は忻州木耳村《きんしゆうもくじむら》の任昂《じんこう》の娘で、幼名を紅昌《こうしよう》といい、のちに霊帝の宮廷に入るや「貂蟬」(高位高官の意)の冠を司《つかさど》る係を仰せつけられた。その後、霊帝から丁原《ていげん》にさげ渡され、丁原が呂布を養子に迎えたとき、これに娶《めと》らせたという。

のち、呂布と離ればなれとなった貂蟬は王允にひろわれて可愛いがられた。以下は『三国志演義』と同じである。いうまでもなく、この貂蟬は三国志中、唯一のヒロインであった。

なお、〝柴堆《さいたい》三国志〟には、呂布の死後、貂蟬は劉備に引きとられたが、関羽がその妖《あや》しいまでの魅力を恐れ、仲秋の名月の下、貂蟬を青龍偃月刀《せいりゆうえんげつとう》で斬ったという話もある。

これは明代に、戯曲「関大王月夜斬貂蟬」となったようだ。

◎龐統《ほうとう》が策した皆殺しの計略

いまひとつ、小説の『三国志演義』によれば、赤壁の戦いのおり、孔明とならび称せられた〝鳳雛《ほうすう》〟こと龐統が、胸中の秘策を授ける話が出てくる。

赤壁の戦いは水上戦であったが、水上生活に不慣れな華北《かほく》の曹操軍では、戦いを前にして風浪雨荒《ふうろううこう》のたびに、将兵が気を労《わずら》い身を疲れさせて、そこへ風土病も発生し、疫病に苦しむ者が続出した。

これにはさしもの曹操も、頭を抱え込む。それに目をつけた龐統は、水上の艦船を各々の船体の大きさに準じて、船と船の首尾を鎖で繋《つな》ぎ、環をもって連ね、その上に板を敷き、渡り橋を架《か》ければ、陸上と同様の快適な生活ができる、と言葉巧みにもちかけた。

曹操はこれにとびつき、その結果、黄蓋《こうがい》の〝焼き打ちの計〟を許してしまった。

艦船を「連環」のように繋ぎ合わせると、確かに陸上と同じような生活はできたかもしれないが、反面、艦船としての機能もまったく失われ、自由に行動はできなくなる。

龐統が言葉巧みに、この計略をすすめた狙いも、実はそこにあった。

敵の不安や不利につけ入り、いかにもそれをカバーするかのごとくみせながら、その実、行動の自由を奪い、それを撃つ。これが龐統の〝連環の計〟の極意であった。

この秘計は、ビジネスの世界でも大いに応用がきくはずだ。しかしそのためには、相手の弱点や泣き所を、常にリサーチしておくことが必要である。

【第10計】勝つ条件

順《じゅん》手《しゅ》牽《けん》羊《よう》の計

……手に順《したが》いて羊を牽《ひ》く

［兵法三十六計］

敗れる理由 人は必ずわずかなミス、不注意をしてしまうものである

◎項羽の隙につけ入った劉邦の計略

日本の悪しき考え方に、「行きがけの駄賃《だちん》」というのがある。同様の考えは中国にもあるようだ。次のような笑い話が伝えられている。

ある男が道を歩いていると、羊が一匹、首に結んだ紐《ひも》を引きずりながら、道端の草を食っているのが見えた。逃げ出してきたものか、それとも繋いでいた紐が解けたのか。男は辺《あた》りを注意深く見渡したが、さいわい人影はなかった。

男はこれは多分、自分に与えてやるとの天のお情けであろう、と身勝手な解釈をして、羊の紐を手にして歩き出した。

飼われていた羊は、紐を引くとついてくる習性ができている。男は労せずして羊をわが家へ連れ帰ったが、間もなく、どこからか飼い主が怒鳴り込んできた。

「泥棒め！」

するとと男は、少しもあわてることなく、

「なにが泥棒だ。わたしは道に落ちていた紐を拾って持ち帰っただけだ。そうしたら、羊が後についてきただけじゃないか」

まさに、盗っ人猛々《たけだけ》しいとはこのことだが、隙《すき》をみてなにげなく人のものを盗み取るのが、この〝順手牽羊の計《じゅんしゅけんよう》〟の原型であった。

兵法では、敵のわずかな隙、不注意にもつけ入り、たとえ小さな利益であろうとも確実に拾い、それを全体の勝利に繋いでいく、という考え方となる。

『史記』の「淮陰侯列伝《わいいんこう》」に、田栄《でんえい》という人物が、楚《そ》の項羽《こうう》に叛旗《はんき》を翻《ひるがえ》した話が載っていた。田栄は王に封じられなかったのを恨《うら》んで、楚に反逆して斉王田都《でんと》を放逐し、膠東《こうとう》王の田市《でんし》を殺害、自らが斉王を称して即位した。

これを知った項羽は、田栄が楚の領土を侵す恐れがあるとみて、急ぎ大軍を動員すると田栄征伐に向かった。このとき、漢中に押し込められていた劉邦は、この斉・楚の争いを好機とし、韓信《かんしん》に命じて、別項の〝暗渡陳倉《あんとちんそう》の計〟（第29計）をもって、三秦《さんしん》を攻略すると自らの勢力圏としたのである。

いわば、項羽の弱みにつけ入ったわけだ。

項羽が西方を顧みる余裕がない、という絶妙のタイミングをはかったのは、さすがといわねばなるまい。

◎田豊《でんぽう》の進言を受け入れなかった袁紹の愚行

だが、こうした〝順手牽羊の計〟も、最終的にはトップが用いなければ、ただの奇抜な思いつきでおわってしまう。

いい例が袁紹《えんしょう》――三国志における前半部分の、主要人物であろう。

袁紹は家柄、人望、人材に恵まれ、いちはやく華北に広大な領土を有したが、やがて迫りくる曹操との戦いに備えて余念がなかった。

そうした袁紹のところへ、耳よりな情報がもたらされた。

曹操がにわかに軍を起こして、当時、徐州《じょしゅう》に拠っていた劉備の勢力を叩こうとしているというのである。曹操にすれば、きたるべき袁紹との決戦において、背後をおびやかされかねない劉備を、そのまま放置しておくのは得策ではなかった。

そこで劉備をまず痛撃しておいて、後顧《こうこ》の憂いを断っておくのは、戦略上からも賢明な判断といえた。が、当然のことながら、出撃すれば本拠地の許昌《きょしょう》は手薄となる。

「いまこそ好機です。許昌を攻略して、曹操の退路を断ちましょう」

名参謀・田豊《でんほう》が進言した。まさしく、〝順手牽羊の計〟である。

ところがこのおり、袁紹の息子が病気で寝込んでいた。袁紹はあろうことか、そうした私情からこの好機を自ら放棄してしまったのである。田豊はよほど残念であったのだろう。手にした杖を地面に叩きつけると、次のように天をみあげて嘆いたという。

「ソレ過《ア》イ難キノ機ニ遭《ア》イ、而《シカ》モ嬰児《エイジ》ノ病ヲ以ツテソノ会ヲ失ウ、惜シイカナ」

やがて曹操は徐州を攻略し、劉備の勢力を一掃して許昌へとって返した。

いよいよ次が、「官渡《かんと》の戦い」となるわけだ。こうしてみると袁紹の亡国は、ただ「官渡の戦い」の敗戦のみにあったのではないことが知れよう。

ビジネスの世界も同様である。小さな勝利を拾うのは、大きな勝利に繋がることを肝に銘じるべきであろう。ライバルの僅かなミスに乗じる、少しの失敗を衝《つ》いて攻撃する、いかにも世智辛《せちがら》く思えるが、戦いとは食うか食われるかである。敵に情をかけると、やがては己れの敗北を嘆かねばならないことを知るべきだ。

【第11計】勝つ条件

無《む》中《ちゅう》生《しょう》有《ゆう》の計

☯……無の中に有を生じる

［兵法三十六計］

敗れる理由 大胆なハッタリに人はたやすくだまされる

◎荆州制圧を可能にした劉　表《りゅうひょう》の策略

『老子』に、「天下万物生于有、有生于無」（天下の万物は有から生まれ、有は無から生ずる）というのがある。

「有生于無」は、「無中《むちゅう》生有《しょうゆう》」と同義である。

『兵法三十六計』ではこの計を、

「誑《たぶらか》しなり」

といっている。

敵を誑しつづけることによって、ついには、仮の姿が本物となる。虚が実に変化するわけだ。

些《いささ》か判《わか》りにくいかもしれない。そこで一例を挙げてみる。

北に曹操の支配圏が確立され、東に孫権の地盤が拡張される中にあって、最後まで独立した勢力を保ち得た州は、荊州と益州の二つであった（取り残されたというべきか）。

この二州によって孔明は、〝天下三分の計〟を考案・策定するわけだが、その意味において、荊州の刺史《しし》・劉表《りゅうひょう》は、孔明の恩人といっても差し支えあるまい。

劉表は兗《えん》州の山陽郡（現・山東省済寧《さいねい》市金郷《きんきょう》県周辺）の出身で、実家は前漢帝国の魯《ろ》の恭王《きょうおう》からつづく名家であった。加えて劉表は、きわめて目端《めはし》が利いたようだ。

前任者の王叡《おうえい》が孫権の父・孫堅《そんけん》に殺害されたと聞くや、このころ、朝廷を牛耳っていた李傕《りかく》、郭汜《かくし》（ともに故・董卓《とうたく》の部下）のうち、李傕に多額の賄賂を贈って、都合よく荊州の刺史のポストを手に入れた。

ところが、劉表には各地に割拠する軍閥のように、「部曲《ぶきょく》」（私設軍団）が一兵もなかった。平時であればともかく、時代は群雄の領土争奪戦の真っ只中である。任命状一枚で荊州へ乗り込むのは、素手で虎を殺しにいくようなもの。自殺行為にひとしかったといっていい。

案の定、劉表は荊州の役所がある漢寿《かんじゅ》（現・湖南省常徳《じょうとく》市漢寿県北）にすら、入れない有様。襄陽《じょうよう》の南の宜城《ぎじょう》へ赴くと、劉表はここで土地の〝名士〟――蒯良《かいりょう》・蒯越《かいえつ》兄弟や蔡《さい》瑁《ぼう》らを招き、荊州平定の方策を諮問《しもん》した。

ここで、蒯越は恐るべきことを進言する。

「平和な世には仁義が必要でしょうが、乱世にあっては、まず、権謀術数です。兵力が多ければいいというものではありません」

蒯越は、劉表が相応の軍勢を率いて荊州へ乗り込んだように装い、武力をちらつかせながら、荊州内に分立する小勢力を個別に、有利な条件をもって呼び寄せ、各々の首領を問答無用で騙し討ちにし、その部下の兵たちを「部曲」にしていけばよい、とこともなげに献策したのである。

ついでながら、「権謀術数」は〝権〟＝秤《はか》りのことで、〝謀〟も〝術〟も意味は同様。〝数〟は計る＝はかりごとの意で、『説苑《ぜいえん》』の「権謀」は事前のはかりごと、先見の明をあらわす意味に使われていた。人に先んじて、状況を己れの有利に導く——そのためには、人を自分の思うように動かすことができなければならないことになる。

劉表はさすがに躊躇《ちゅうちょ》したものの、ほかに方法はなかった。乱世はきれいごとでは、生きていけない。

劉表は五五人もの首領を罠にはめ、斬り殺してその配下を私設軍団として、その武力を

使って、他の影響下にあった太守や県令を辞任に追いやった。

まさしく、無から有を生み、虚を実に転換していったのだ。

もし、劉表が荊州制圧に成功していなければ、いかに孔明が智謀の人であろうとも、〝天下三分の計〟をたてるべき領域は残されていなかったであろう。

また、荊州の安定によって、孔明はこの地に移り住むこととなり、その地縁が孔明の生涯をも決定づけたといえる。

ビジネスにせよ、対人関係にしても、この計略を用いるなら、まず〝信用〟という、形のない武器を身につけることが肝要であろう。

【第12計】勝つ条件

遠《えん》交《こう》近《きん》攻《こう》の計

……遠くと交《まじ》わり近くを攻める

［兵法三十六計］

敗れる理由　人は身近な者と親しくし、間遠の者と疎遠になりやすい

◎范睢《はんしょ》の進言にみる治国の妙計

「遠交近攻《えんこうきんこう》」とは文字どおり、遠方の国と同盟して、近隣諸国を攻撃する策略をいう。

これは天下が大いに乱れ、戦国乱世の様相を呈したとき、とくに効力を発揮する計略といわれている。多数の国が対立抗争している局面において、どこの国と手を結び、どこの国を攻撃するかの選択は、死活の問題でもあった。その際は、この「遠交近攻」はきわめて有効な判断基準となる。

遠国には利を与えて交わりを厚くし、近隣の国とは間違っても、深い誼《よしみ》を通じてはならない。いわんや、同盟関係などとんでもないことである。

この〝遠交近攻の計〟には、近隣国に異変が起こった場合、同盟していると、それに巻き込まれる危険性が生じる。したがって、反覆《はんぷく》常ならぬ状況下においては、いつ手切れに

なろうとも影響の少ない国以外は同盟関係を締結してはならない、との教訓も含まれていた。「遠交」は「近攻」のためではあるが、自己保身の思想もこの計略には含まれている。「近者交之、反使変生肘腋」(近き者と交わっていると、かえって変乱が発生したとき、その掣肘《せいちゅう》を受けかねない)――これは要注意である。

史上、この〝遠交近攻の計〟を、天下統一の戦略として活用したのは、秦の始皇帝であった。始皇帝が対立する他の六ヵ国を順次滅ぼし、天下を統一できたのは、まさにこの「遠交近攻」の計略あればこそであった。

話は始皇帝を遡《さかのぼ》る三代前の、昭襄王《しょうじょうおう》の時代からはじまる。

このころ、秦は近くに位置する韓、魏の両国の頭越しに、遠方の斉《せい》を攻めようとしていた。これを知った范雎という人物が、〝遠交近攻の計〟を進言したのである。

范雎は昭襄王を説得していった。

「かつて斉の国の湣《びん》王の時代、南方の楚《そ》に攻め入り、散々に楚軍を撃ち破って、千里四方もの領土を拡張したことがありました。しかし、手に入れた領土は結局、すべて手放してしまうことになったのです。なぜならば、遠方の楚を攻めている間に、隣国の韓、魏の両国が軍備を充実し、斉の遠征をさいわいに、その足もとをすくったからです。諺《ことわざ》に、〝賊に武器を貸す〟とあるのは、まさしく、このようなことではないでしょうか。

この一事からもお判りのように、近交遠攻は愚策であり、遠国と結んで隣国を攻めることこそ、最上の策といえます。一寸の地を得ればその一寸が、一尺の地を得ればその一尺が、確実に陛下の領土となるのです。これを捨て、遠方の斉を攻めるなどは、見当違いもはなはだしいといわねばなりません」

秦は范雎のこの進言を、国是《こくぜ》として東方計略に乗り出した。そして始皇帝の時代に、まずは韓を亡ぼし、次いで趙《ちょう》を、さらには魏、楚、燕《えん》と近隣諸国を近い順に、つぎつぎと併合し、ついには斉を滅ぼして天下統一を成し遂げたのであった。

こうした「遠交近攻」は、教えられることが少なくない。

◎曹操が用いた八方塞《ふさ》がりの打開策

三国志の時代、この〝遠交近攻の計〟を、最もうまく利用したのはやはり曹操であった。否《いな》、曹操の参謀官たちというべきか。一例を挙げてみよう。

曹操の力が未だ袁紹に遠く及ばず、呂布がわがもの顔に暴れ回っていた頃、曹操の陣営は、四面を敵に囲まれて、身動きのならない状態に陥《おちい》っていた。

「呂布を始末せねば、河北攻略は容易ではない。さりとて、袁紹を倒そうにも、袁紹は関中（陝西《せんせい》省および湖北省北部）に侵入し、羌族《きょうぞく》や胡族《こぞく》の反乱を促すかもしれぬ。また、南方の蜀と漢中（湖北省）を味方とする恐れもある。しかしながら、八方塞がりのままいすくんでいたのでは、わたしは兗州《えんしゅう》と豫州《よしゅう》の二州を頼りに、天下の六分の五を敵にすることになる。これでは滅亡を待つようなものである。はて、どうしたものであろう——」

さしもの曹操も、追い詰められていた。

この四面楚歌の状況をみごとに克服したのが、参謀の荀彧《じゅんいく》であった。荀彧は状況を細部にわたって分析、研究した。その結果、次のような結論に達する。

「関中では小人数の軍閥が各々に独立していて、とても、一つの勢力にはまとまらないでしょう。なかでも韓遂《かんすい》と馬超《ばちょう》の二人は、東方の呂布とわれわれが争えば、漁夫の利を得ようと、兵力温存策をはかるに違いありません。ですから、この際はこの両名に恩徳をほどこして彼らと手を結べば、長期間の友好同盟関係は無理でありましょうとも、こちらが東方を平定するまでの間は、彼らの動きを十分封じ込めることができるでありましょう」

荀彧はこの交渉を鍾繇《しょうよう》（字《あざな》は元常《げんじょう》）に、一任するように勧めた。

鍾繇は洛陽に都があった頃から後漢帝国の献帝に仕え、皇帝政務秘書をつとめ、献帝が長安に脱出したおりも従っている。韓遂や馬超とも面識があったのであろう。関中を訪れた鍾繇は、言葉巧みに韓遂や馬超を説得すると、子を人質として献帝に差し出させ、友好関係の樹立に成功した。この同盟によって、のちに曹操が袁紹と白馬《はくば》で戦ったおりに、関中の韓遂、馬超から、西涼《せいりょう》の名馬を二千頭も供出させることにも繋ったのである。

同盟締結の直後、建安《けんあん》三年（一九八）、曹操は荀彧の意見に従い、南に張繡《ちょうしゅう》を破り、東方に転じては呂布と裏切り者の陳宮《ちんきゅう》を撃ち破って、捕えて処刑すると徐州を平定した。

すべては、韓遂、馬超らとの同盟成功に、源を発していたといってよい。

――こうした〝遠交近攻の計〟は今日の社会においてもよく目にするところだ。

例を挙げれば、企業CMである。人気絶頂のタレントを起用する場合、企業は決してライバル会社が採用しているタレントは使わない。同業者は無論のこと、関連業界も避ける。が、折角の人気タレントを使うのだから、その波及効果も捨て難い。

そこで、他業種の企業と連携して使うことがよくある。一日のうちに同一のタレントが、幾つものCMに出ているのを見ると、〝遠交近攻の計〟の仕組がわかるはずだ。

また、この計略は国際政治を考える「地政学」の基本であることもつけ加えておきたい。

現代の国際社会においても、近隣の同盟国（同一主義国）は、滅多とないものである。

勝つ条件

【第13計】

欲《よく》擒《きん》姑《こ》縦《しょう》の計

☯……擒《とら》えんと欲すれば姑《しばら》く縦《はな》つ
［兵法三十六計］

敗れる理由 意見を押しつけられると、人は反発するものである

◎孔明が孟獲《もうかく》に用いた妙計

力ずくで逃げ道を断ち、一気呵成《かせい》に攻めかかれば、相手も懸命に抵抗する。そうなれば味方の損傷もばかにならない、それよりは逃げるにまかせてはどうか。相手の勢いもおのずと弱まるであろう。

追撃をするにしても、徹底的に追いつめるのは得策ではない。敵の体力を消耗させ、闘志を喪失させてから捕捉すれば、労少なくして勝利の可能性も高まる。

要するに、じっくりと腰をおちつけて刻《とき》を待てば、よい結果が得られる、ということ。

蜀の建興元年（二二三）六月、現在の四川《しせん》省南部地区から雲南省、貴州省にかけて、俗にいう「南夷《なんい》」と称される異民族が反乱した。

二年後、孔明は反乱軍を鎮圧してから、南征軍を起こしたが、このとき、参軍の馬謖《ばしょく》は

孔明に、

「用兵の道は、敵の心を攻めるのが上策で、敵の城を攻めるのは下策とされております。ぜひ、上策をもって敵の心を攻めるようにしてください」

と勧《すす》めた。無論、孔明に異議のあろうはずがない。

――以下は、『三国志演義』の話である。

孔明は三方面から南下して、南蛮の反乱軍を追い、最後の砦で孔明軍を阻止しようとする、南蛮王・孟獲のいることを知ると、孔明は全軍に向けて布告する。

「孟獲を殺さずに、生《い》け捕《ど》りにせよ」

激戦のすえ、孟獲は捕えられて孔明の前にひきすえられた。すると孔明は、孟獲を自軍陣営内をくまなく案内し、陣形もすべてみせて、

「どうかな、わが軍の陣立てのほどは」

と語りかけた。孟獲は答えていう。

「先ほどの戦いでは、こちらの陣立てを知らなかったので、思わぬ不覚をとってしまった。しかし、こうして手のうちを見せてもらったからには、こんどは必ず勝ってみせる」

孔明は笑いながら、孟獲を解き放した。孟獲は豪語したとおり、再び孔明に挑んだが、

またしても敗れて捕えられ、ついには、七度釈放《たび》されて、七度捕えられるにいたった。

「七縦七擒《しちしょうしちきん》」という故事は、ここから生まれたものである。

七回目に捕えられたとき、孔明がまたもや縄目を解き許してやろうとしたが、さすがの孟獲も、今度ばかりは孔明のもとを去ろうとはしなかった。

「あなたさまは、生来の神のようなお方だ。南の者どもは、もう二度とあなたさまに背くことはいたしません」

といって、孔明に心服した。

孔明は武力行使と並行して、〝欲擒《よくきん》姑縦《こしょう》の計〟の巧みな行使、心をもって敵を攻め、異民族の心を完全にとらえたのであった。

この計略は、多くの人間関係を円満に維持するうえで、充分、応用が利こう。

たとえば、孟獲を新人や世代の異なる部下に置き換えてみよう。満足な仕事ができない、理解する努力をしようとしないからといって、叱るだけではあまりにも能がない。

孔明になった気分で、寛容にしばらく放っておいて、相手の自覚を待つのも一策である。うるさく干渉し、ますます意固地になられてはかなうまい。忍耐強く、相手に己れの分や能力を自ら悟らせるがいい場合も少なくないのである。

では一《ひと》つ聞《き》きたい
わしが縄《なわ》をといて
許《ゆる》せば降伏《こうふく》
いたすか
ははは
はははー
孔明《こうめい》よ
おれは蜀《しょく》など
ひとつも恐《おそ》れて
おらん
自由《じゆう》になれたら
蜀軍《しょくぐん》を滅《ほろ》ぼす
までよ
なるほど
大変《たいへん》な
自信《じしん》だな
よろしい
縄《なわ》をといて
自由《じゆう》に
しよう
なにっ
？
気《き》がすむまで
むかって
くるがいい
いつでも
相手《あいて》しよう

勝つ条件

【第14計】

関《かん》門《もん》捉《そく》賊《ぞく》の計

……門を関《とざ》して賊を捉《とら》える
［兵法三十六計］

敗れる理由
助けを求めてくる者に人はつい救いの手をさし伸べてしまう

◎呂布を生き長らえさせた劉備の愚計

中国の諺《ことわざ》に、

「甕中之鼈《ようちゆうのべつ》」（甕《かめ》の中のスッポン）

というのがある。日本ふうには、「袋の中の鼠《ねずみ》」――。

〝関門捉賊《かんもんそくぞく》の計〟は、まさにこのことをいっている。ただし、『兵法三十六計』では、「小敵困之」（弱小の敵軍はこれを閉じ込めよ）と記している。

あくまで弱小の敵を包囲して殲滅《せんめつ》する場合の、やり方と心得るべし。

もっとも、追いつめられた敵は、必死の思いで抵抗するから、この処理には、きわめて慎重を要することはいうまでもない。下手をすれば、「窮鼠《きゆうそ》、猫を嚙む」の、痛烈な反撃を受けぬともかぎらないからだ。

叩くときは徹底的に叩き、将来の禍根を断つのが、〝関門捉賊の計〟の発想である。

呂布《りょふ》（字は奉先《ほうせん》）という人物がいた。

おそらく、三国志中最も嫌われた人物、といえるかもしれない。

「虓虎《こうこ》の勇ありて、英奇の略なく、軽狡《けいこう》にして反覆《はんぷく》し、ただ利をこれ視《み》る。古《いにしえ》より今におよび、未《いま》だかくのごとくして夷滅《いめつ》されざるなきなり」（『魏書』呂布伝）

吠える虎のごとくに勇猛果敢だが、英雄の戦略をもたず、人物が軽率なばかりか狡猾《こうかつ》である。人を裏切り、己れの利益のみをはかる。これで滅亡しないわけがない――ときわめて手厳しい。

三国志の中には、実に多くの人物が登場するが、そのなかにあって呂布ほど、「反覆」常なき裏切りを繰り返した人物も少ない。

その経歴をみれば、読者も頷《うなず》かれるに違いない。

呂布は北辺の地・五原《ごげん》郡九原《きゅうげん》県（現・内蒙古《うちモンゴル》自治区）に生まれ、はじめは并州《へいしゅう》の刺史《しし》・丁原《ていげん》（字は建陽《けんよう》）に副官として仕えた。ところが、董卓《とうたく》にそそのかされてこれを誅殺《ちゅうさつ》。董卓のもとで、父子の契《ちぎ》りを結ぶほど重用されながら、別項（第9計）でみた貂蟬《ちょうせん》の一件で、うまく王允《おういん》に計られて董卓をも殺害している。

一時は都を牛耳《ぎゅうじ》ったものの、董卓の部将であった李傕《りかく》や郭汜《かくし》に追われて、あえなく都落ち。その後、袁紹《えんしょう》や袁術のもとへ身を寄せようとしたが、「主人殺し」の烙印《らくいん》を押されて、どこにも受け入れてもらえない。各地を転々とした挙げ句、兗州《えんしゅう》の牧《ぼく》になったかとみれば、曹操に敗れて逃走。

ついには当時、徐州の牧となっていた劉備に泣きついて、その庇護を求めた。人の好い劉備は、糜竺《びじく》ら多くの反対を押し切って、この哀れな人物（？）を引きとってしまった。ところが呂布は、間もなく出陣した劉備の留守中に、徐州の城を乗っ取ってしまう。やがて、呂布は劉備を襲い、劉備は曹操を頼って亡命するが結局、呂布は曹操に討たれてしまう。

三国志の世界には離合集散や、人の世の複雑怪奇な関係が数多く出ている。その中にあって、呂布がとりわけて嫌われたのは、彼には救える余地というものが、まったくといっていいほどなかったからだ。

呂布は己れの部下にすら見放されているのである。

「謀《はかりごと》なくして猜忌《さいき》多く、その党を制御する能《あた》わず、ただ、諸将を信ずるのみ」（前掲書）

確固たる信念や理想もなく、猜疑心だけは人一倍強かった。家臣を統率する技量も器量もないまま、ときどきの将の言葉に左右されていたのでは、救いようもあるまい。

それでも、悪名だけとはいえ、後世に名を残し得たのは、呂布の武力＝弓馬術、刀槍、腕力などが、抜群に優れていたからであった。なるほど、三国志中の最たる嫌われ者は呂布である。が、三国志の中で最も武勇の人も、また呂布であった。

〝飛将軍《ひしょうぐん》〟という渾名《あだな》にしても、匈奴《きょうど》たちから恐れられた名将・李広《りこう》と同じ渾名に由来していた。

いずれにしても、「情《なさ》けを仇《あだ》で返す」のはよく見受けるところである。劉備がもしも、呂布を受け入れていなければ、その後の天下の行方も、ずいぶん違ったものになっていただろう。

「水に溺れた犬は叩け」

これも中国の諺である。

弱りきった敵、討ち易い相手は、早々に討ち取るに越したことはないのだ。

◎劉備との後の長期戦を招いた曹操の迂闊《うかつ》

さきにみた〝欲擒姑縦《よくきんこしょう》の計〟（第13計）は、よしんば敵を逃がそうとも害にはならない。

むしろ、当方のプラスに作用するといった読みがある。

これに対して、〝関門捉賊の計〟は、放てばやがて大きなマイナスにしかならない。したがって、思い切って今のうちに、相手の息の根をとめてしまえとの発想である。

だが、弱小の敵が頭《こうべ》を垂れて軍門に降ってくれれば、勝利者はその敵を容易に討てるものではない。

「窮鳥《きゅうちょう》懐《ふところ》に入《い》れば、猟師も之《これ》を捕《と》らず」（追われて逃げ場を失った鳥が、懐の中に飛び込んでくれば、猟師といえどもこれを殺さない）という。

だからこそ、それにつけ入る計略もあるのだが、この項では、〝関門捉賊の計〟の駄目押しをしておきたい。

呂布に徐州を奪われた劉備は、一時期、小沛《しょうはい》に駐屯していたが、やがて呂布に攻められ敗走。こともあろうに、劉備は曹操のもとに逃げ込んだのであった。

まさしく、「窮鳥懐に入る」である。

参謀の荀彧《じゅんいく》、程昱《ていいく》らは口を揃えて、

「劉備を殺すべし」

と曹操に勧めた。

「いまにして、とどめをさしておかねば、後日、悔《く》やむことになりますぞ」

とも言上《ごんじょう》した。ところが曹操は、

「受け入れて、天下の人心を得るのが上策」

との郭嘉《かくか》の言を採用すると、よりいいところを見せるべく、劉備を豫州の牧に任じ、任地へ赴かせたのである。

だが、その後の展開は、曹操の思惑と大きく隔《へだた》っていく。

紆余曲折《うよきょくせつ》を経て、曹操の専横を怒った献帝の、「曹操を誅《ちゅう》せ」との詔《みことのり》を受けた劉備は、その連判状に署名、自らも曹操を討とうとする。

〝天下三分の計〟をもって、劉備を擁立した諸葛孔明のために、曹操の天下統一の野望は潰《つい》え去ってしまう。劉備を助命したことは、あまりにも高い代償ではなかったろうか。

ビジネスの世界でも、これは肝に銘じておく必要があろう。

韓非子《かんぴし》に、「二柄《にへい》は刑と徳なり」というのがある。主君たる者は、権力の二つの柄《え》をもっているというのだ。刑罰と恩賞、厳しさと寛容さとであるが、なまじの寛容さは多くの場合、相手を増長させることにつながる。

今、ビジネスの世界は、刑が主であり徳は従の関係にあるように思われてならない。

勝つ条件 【第15計】

釜《ふ》底《てい》抽《ちゅう》薪《しん》の計

……釜の底より薪《まき》を抽《ぬ》く
［兵法三十六計］

敗れる理由 強大な相手に人はその力以上に圧倒されてしまうことがある

◎多勢の袁紹軍を撃ち破った曹操の発想

釜底抽薪《ふていちゅうしん》は、別名「抽薪止沸《ちゅうしんしふつ》」（薪を抽《と》りて沸《たぎ》りを止める）ともいう。

水が沸騰する。これは火力によるものだ。火が勢いよく燃えれば燃えるほど、沸騰はさかんとなる。この勢いをどうして防げばよいのか。沸騰中の湯に手を近づけるのは危険だし、いま、さかんに燃えつづける火に近づくこともできない。

では、方法がないのか、といえばそうでもない。火にくべる薪《たきぎ》自体は燃えてもおらず、煮え沸ってもいない。近づくことも容易である。この薪を抜きとることによって、火勢は衰え、沸騰した釜の中もやがてはもとの水に戻る。

この計略は、強力な敵と相対したときの、戦い方と解して間違いはなさそうだ。

袁紹《えんしょう》に立ち向った曹操が用いたのも、まさにこの〝釜底抽薪の計〟であった。

『三国志』前半のクライマックスである、曹操と袁紹の華北の覇権を賭けた戦い＝「官渡《かんと》の戦い」は、周知のごとく曹操が快勝して、中国北半分を支配下におさめ、一躍、『三国志』をリードする主役にのし上がった。

しかし、この戦いも戦前の下馬評によれば、圧倒的に袁紹側優勢と伝えられていた。というのも、このときの動員兵力は彼我《ひが》雲泥《うんでい》の差――曹操軍二万に対して、袁紹軍一〇万――この兵力差は、いかんともし難いと一般にはみられていたのである。

皮肉なことに、曹操と袁紹は若いころの不良仲間であったが、家柄や人望では終始、曹操は袁紹の風下にあった。さらにいえば、「黄巾《こうきん》の乱」後、董卓《とうたく》打倒に群雄が決起したおりも、盟主の座にあったのは袁紹であった。

「姿貌《しぼう》威容《いよう》あるも、よく節を折りて士に下り、士、多くこれに附《つ》く」（『魏書』袁紹伝）

堂々たる貫禄だが、腰が低く、人には謙虚に接したから、その周囲には多くの人材が集まったとある。

しかも袁紹には、劉備の孔明に匹敵する参謀の沮授《そじゅ》や田豊《でんぽう》がいた。名門に生まれ、性格も良く、人材が周囲に溢れ、領土も広大であった袁紹――。

にもかかわらず、つねに彼の風下にあって、どうにか北部の四州を得ていたにすぎない曹操と「官渡の戦い」を演じて、よもやの大敗を喫してしまった。

なぜだったのだろう。曹操の名参謀・荀彧《じゅんいく》は、

「外は寛にして内に忌《い》み、人に任せて而《しか》もその心を疑う」（外見は太っ腹のようで、実は気が小さい。部下に仕事を任せていながら、相手の心を疑っている）

と袁紹の性格を厳しく評している（『魏書』荀彧伝）。その結果が、

「士卒衆《おお》しといえども、その実は用いがたし」（部下は多く集めても、使いこなせない）

というのである。確かに、袁紹は優柔不断で〝小心〟なところがあった。

曹操が、己れの暗殺に荷担した劉備を討伐すべく、本拠地の許都《きょと》を留守にしたとき、田豊は袁紹に許都を奇襲するよう進言したが、袁紹は息子の病気を理由に立たなかったことは、別項でふれた。

兵力、経済力ともに、袁紹が曹操をしのぐなか、いよいよ袁紹の大軍が南下を開始した。

曹操の陣営では、はやくも敗北感がただよい、戦う以前から勝敗は決した観があった。

このとき曹操は、袁紹の人となりを、

「志大なれども智小、色厲《はげ》しけれども胆薄く、忌克《きこく》にして威《い》少なし」（『魏書』武帝紀）

といった。野心大望はあるものの、実現するための智力に欠けている。居丈高《いたけだか》な顔はす

るが、度胸はない。人に勝とうとする気は強いが、人を畏敬させることはできない。

加えて曹操は、

「兵多けれど分画《ぶんかく》明らかならず、将驕《おご》りて致《ち》令《れい》一ならず」（前掲書）

ともいった。人数は多いが、組織が整っていない。指揮下の将軍たちは威張るだけで、政令は勝手に出されている有様だ。

まさに、大組織としては根源的な、致命的欠陥といっていい。

曹操は袁紹の「強」の中に、あえて「弱」を見出すことによって、味方の「弱」＝「不安」を、「勝利への確信」＝「強」にかえたのであった。また、曹操のこうした論理は、決戦においても、如何《いかん》なく発揮されている。

「兵少なくして敵せざるも、その勢いを分かたば、すなわち可なり」

兵数でこちらが少なくとも、敵の力を分散させれば十分に対等に戦える、と曹操はいった。これこそ〝釜底抽薪の計〟である。

袁紹軍と対峙した曹操軍は、局地的な戦いを勝利にみちびきながらも、兵力の絶対差から、じりじりと後退を余儀なくされ、辛うじて官渡に踏みとどまり、後衛の態勢を固めたが劣勢であることは拭《ぬぐ》えなかった。

そのとき曹操のところへ、許攸《きょゆう》が寝返ってきた。彼は恐るべき情報をもたらす。袁紹軍の糧秣《りょうまつ》基地・烏巣《うそう》は、守備が手薄になっているというのだ。

これを落とせば戦局は一変する。まさしく、〝釜底抽薪の計〟であった。

曹操は、謀計ではないかと案ずる諸将に耳をかさず、夜襲戦を敢行し、薪＝烏巣を抜きとり、釜＝袁紹軍を浮き足立たせ、戦局を逆転させた。袁紹軍は大混乱となり、雪崩《なだれ》を打って敗走する。

この一戦を評して、曹操の謀臣・荀彧は、

「至弱をもって至強に当る」（きわめて劣勢な軍で、最大最強の軍と戦った）

と表現したが、これが後世、弱小が強大に立ち向かう場合の謂《いい》となった。

【第16計】勝つ条件

称《しょう》薦《せん》の計

☯……称《ほ》めそやして推《すい》薦《せん》する

敗れる理由　かなわない相手に人はただ手をこまねいてしまう

◎曹操を追い払ったほめ殺しの秘策

曹操の本籍は、沛《はい》国譙《しょう》郡（現・安徽《あんき》省亳《はく》州《しゅう》市）である。

父の曹嵩《そうすう》は〝売官制度〟——賄《わい》賂《ろ》や献金一億銭をもって、後漢帝国の「太《たい》尉《い》」（軍事担当宰相）にまで登りつめた人物で、養祖父は四代の帝に仕え、「大長秋《だいちょうしゅう》」（皇后侍従長）となり、列侯にも加えられた宦官《かんがん》の巨頭・曹騰《そうとう》であった。

曹操は環境に恵まれ、なに不自由なく育ち、将来に有為《ゆうい》の人材と評される反面、わがままで強引であり、権謀術数を弄《ろう》するその性格が、多くの人々に恐れられる理由ともなっていた。

ところで後漢の末期、官吏《かんり》の採用試験「科挙《かきょ》」は未《ま》だなかった。が、そのひな型ともいうべき制度は存在している。

「選挙」といった。これは六つの徳目《とくもく》――「賢良方正《けんりょうほうせい》」「直言《ちょくげん》」「明経《めいけい》」「有道《ゆうどう》」「茂才《もさい》」「孝廉《こうれん》」――によって、地方の郡の太守や国相、中央の大官が、これはと思う〝人材〟を中央に推薦できる制度であった。

「孝廉」＝孝心厚く〝清廉な士〟として、推薦を受けて中央政府の官僚となった曹操は、任官すると、直《ただ》ちに都・洛陽県の北部尉（北部地方の警察署長）に起用された。

曹操は赴任すると、役所の門を補修して、犯罪者の処罰用に使用される五色の棒を並べ立て、取締り強化の宣言をおこなった。

曹操はおよそ、手加減ということをしない男である。

いまをときめく宦官派の大物で、蹇碩《けんせき》の叔父にあたる人物が、たまたま夜間通行禁止令を破ってしまったときも、逮捕のために出動した曹操は、この人物を捕えると容赦なく打ちすえ、あげくは叩き殺してしまった。

曹騰の孫、曹嵩の子でなければ、おそらくすぐにでも逆襲されて殺害されていたであろう。都中は震えあがり、法令違反者は激減した。

曹操を苦々しく思う都の者は多かったが、その背後関係をみれば、どうすることもできなかったようだ。そのおり、反曹操派で結束した朝廷の有力者たちの用いたのが、〝称薦《しょうせん》の計〟であった。

有力者の一団は口々に曹操を「称薦」(賞讃)し、よりその有能な手腕の発揮できる職責を与えたいとして、曹操を頓丘《とんきゆう》県(現・河南省清豊県西南)の県令に栄転させたのである。

つまり、体《てい》のよい追放であった。

とてもかなわないほど、手強《てごわ》い相手と対峙《たいじ》したとき、真正面から争っても勝てぬのなら、下手《したて》に出て相手を持ち上げ、いい気分にさせて追い払うという戦法がある。高度な敬遠ともいえようか。

もっとも、曹操の場合はやがて、「議郎《ぎろう》」(帝の顧問官)として中央に戻り、時代は「黄巾の乱」へと移って、官僚生活からも遠のいていくのだが……。

このやり口は、古来よりいろいろ用いられている。

相手を持ち上げ、毛の先ほども不信をもたせず、それでいて体よく自分の前から去らしめるわけだ。それが結果として、相手の栄転であっても、こちらの目の前から消えてさえくれれば、文句はない。

韓非子は、「将《まさ》に之《こ》れを敗らんと欲《ほっ》せば、必ず姑《しばら》く之れを輔《たす》けよ」(説林上)といっている。この言を借りれば、「将に之《こ》れを去らせんと欲せば、必ず姑く之をほめよ」となるわけだ。

【第17計】勝つ条件

美《び》人《じん》の計

……美人をもって敵を籠絡《ろうらく》する

［兵法三十六計］

敗れる理由　男は本来、美人に弱い生き物である

◎呉越の関係を逆転させた計略

美人《びじん》の計は、もっともストレートな謀略といえそうだ。

巨大な敵、とても太刀打《たちう》ちできぬ相手と対峙《たいじ》したとき、その強さを削《そ》ぐのがこの秘計だが、〝美人の計〟とは名のとおり、女性を使って相手を籠絡《ろうらく》し、そのやる気をくじかせるにつきる。

これを史上に有名にしたのは、春秋時代の末期、呉王の夫差《ふさ》に敗れて、会稽《かいけい》で屈辱的な降伏、和議を結ぶことになった越王句践《こうせん》であった。

句践は悲嘆にくれつつ、夫差に許されて帰国したが、いつも傍《かたわ》らに干した胆を置き、寝起きのたびにその苦《にが》さを味わいながら、

「句践よ、会稽の恥辱を忘れるな」

と自分に鞭打ち、言いきかせた。

このとき、句践の片腕である范蠡《はんれい》は、越を再興するために二つの手を打った。

一つは、国内政治の改革である。広く人材を招き、初心に立ちかえって、国政の立て直しとともに、軍事力の増強につとめた。

いま一つは、対夫差工作――。

国力の充実を図るには、夫差を油断させておかねばならない。その工作の一環として、范蠡は女性を使って夫差を骨抜きにすべく画策した。

国中に触れ出し、美女中の美女を求めたところ、苧羅山《ちょうらさん》の麓《ふもと》に住む薪《まき》売りの娘で、「西《せい》施《し》」という美女を手に入れることができた。

そこで范蠡は西施を都に呼び寄せると、礼儀作法を指南させ、ひととおりの教養も身につけさせて、三年後に西施を呉へおくった。夫差は予想したとおり、一目みて西施を気に入り、さっそく側室として寵愛した。

〝美人の計〟にはまった夫差が、西施にうつつを抜かしている間に、句践と范蠡は必死の思いで越国を再建し、やがて、呉国の油断につけ入って、夫差を滅ぼした。

この西施は、三国志の中の貂蟬《ちょうせん》とともに、中国絶世の美人の一人に数えられている。

貂蟬がこころみた別項の〝連還《れんかん》の計〟（第9計）も、見方によれば、〝美人の計〟といえなくもない。

ついでながら〝美人の計〟は、相手を籠絡することだけが目的ではない。可能性としては、敵方の情報を収集（スパイ工作）することと、場合にとっては、相手を暗殺することもあり得た。

なにしろ、美人は敵のトップや側近のもとへ、送り込まれているのである。その気になれば、スパイ行為も、暗殺にしても容易に実行できたであろう。

現在の企業社会において、〝美人の計〟がどのような成功をおさめているのか、寡聞にして筆者は知らないが、女性スキャンダルによって地位を失った人々を、ときおり報道でみかけることがある。

用心に越したことはなさそうだ。

第三章

相手の力を利用する『奸計《かんけい》』で勝つ極意

周瑜

勝つ条件

【第18計】

借《しゃく》屍《し》還《かん》魂《こん》の計

……屍《しかばね》を借りて魂を還《かえ》す

［兵法三十六計］

敗れる理由

利用できる者がいるにもかかわらず、それを活かさない人は失敗する

◎曹操と袁紹の命運を分けた一計

借屍還魂《しゃくしかんこん》――生ける屍《しかばね》に、再び魂を呼び戻すとはどういうことか。

自立している者は、他人《ひと》が操縦しようとしても難しく、利用することはできにくい。しかし、人の力に依存して存在する者は、つねに他人を恃《たの》み、こちらの援助を求めているものだ。それを利用して、相手を操るという策略のことをいうのである。ついでに付加すると、相手の利用価値がなくなれば、容易に捨ててしまうことにも繋《つな》がる。

三国志屈指の名参謀・沮授《そじゅ》により、華北に絶大な領土を有し得た袁紹《えんしょう》ではあったが、

「謀《はかりごと》を好みて決なし」

といわれたとおり、決断力に乏しく、それがここ一番というところで、自らの足を引っ

張ることとなった。華北の支配権を賭《と》して、袁紹が曹操と戦ったおりも、実は、沮授の提案に対し、ただ一つの決断をなし得なかったがために衰亡の道を歩むことになった。

「――天子（献帝）を長安からお迎えして、洛陽に漢室の宗廟《そうびょう》を再興するのです。天子を擁して天下に号令し、それでも帰順しない者は討てばよいのです」

沮授はさすがに、〝借屍還魂の計〟を知っていたようだ。

袁紹は愚かにも、それを拒《こば》んだ。理由は衰えた皇室を復興するのは至難の技で、上意に従えば当方の威信が損われる。

その上、逆《さか》らえば、逆賊の汚名を着ることになりかねない。つまり、高い買い物になると値踏みし躊躇《ちゅうちょ》したのである。

一方、曹操も、献帝を迎えるマイナスについては、袁紹と同様に計算していたが、それでいて、この男の器量の大きさは、

「それ兵は義者が勝ち、位を守るには財をもってす。よろしく天子を奉じて以て不臣に令し、耕植《こうしょく》を修《おさ》め、軍資を畜《やしな》うべし」（『魏書』毛玠《もうかい》伝）

沮授が袁紹に語ったのと同じことを、部下の毛玠からいわれ、参謀の荀彧《じゅんいく》からも、「いまにして決心しないで、後になって悔んでも知りませんよ」と駄目を押されると、渋々な

がらも彼らの助言に従ったところにある。

この時期まで、曹操は各地に群雄割拠する豪族の一人でしかなかった。華北にわずかな領地を有していたものの、袁紹には遠く及ばぬのは勿論のこと、公孫瓚《こうそんさん》と戦っても、勝利できたかどうか疑わしい。

ところが、曹操は献帝を得たことで、衰退の一途にあった後漢帝国ではあったが、その官職の任免権、法令発布の実行権限を一手に掌握する立場となった。

この名目利用の価値は、曹操の覇権を決定づけたといっていい。

献帝は董卓《とうたく》に脅《おど》かされ、洛陽から無理矢理に長安に動座させられたものの、興平《こうへい》二年（一九五）には、長安の政情不安を恐れてこの地を脱出、旧都洛陽を目指した。途中、董卓の部将・李傕《りかく》の追撃で、やむなく黄河を渡って進路を北へ変更し、河東郡安邑《あんゆう》（現・山西省運城《うんじょう》市夏県）に避難。翌年の七月に、ようやくにして洛陽に辿《たど》りついた。

だが、洛陽の荒廃ぶりは凄まじいばかりで、献帝が留守にしていた六年の間に、復興は不可能なまでに崩れ去っていたのであった。

そのため曹操は、洛陽の東南約一二〇キロの潁川《えいせん》郡の郡都・許昌《きょしょう》（現・河南省許昌市）に遷都を決断、広く天下にそのことを知らしめた。

もし、曹操が献帝を迎えていなければ、こののち袁紹と矛《ほこ》を交《まじ》えた一大決戦「官渡《かんと》の戦い」（建安《けんあん》五年＝二〇〇）にいたるまでに、数の上では圧倒的に優位であった袁紹に呑み込まれていたに違いない。

◎蜀を手中にした劉備の策略

同様に、拠《よ》るべき領土もなく、天下を流浪していた劉備《りゅうび》が、ようやくにして自立のできる地盤＝蜀を得たやり方も、ありていにいえば〝借屍還魂の計〟に類するものであった。

劉備は荊州の南部を一時期占拠したものの、これはあくまで呉の預かり地にすぎなかったから、自前の勢力圏をほしいと思っていた。

当時、魏や呉に属さない地といえば、〝蜀の桟道《さんどう》〟に代表される、陸の孤島ともいうべき益州＝蜀しかなかった。だが、この地には二代にわたって勢力を培《つちか》ってきた劉璋《りゅうしょう》がいた。いくら益州を欲しようとも、大義名分がなければ、軍勢をもって押し込み強盗を働くわけにもいかなかったであろう。

「さて、どうしたものであろうか」

劉備が思案しているところへ、先方から救いを求めてきた。北方の漢中に新興宗教国家

「五斗米道《ごとべいどう》」を樹立していた張魯《ちょうろ》が、南下の兆しを見せているというのである。

劉璋はまさしく魂の抜けた、生ける屍同然。ただただ己れ可愛さのあまり、劉備という張魯にも増してアブナイ人物を迎え入れてしまった。

劉備軍が劉璋に難癖をつけ、彼の益州を奪ったのは、わずかばかり経てのちのことであった。

ビジネス——わけても企業間の争いで、この手はよく使われる。大きくは企業同士の合併、小さくはプロジェクトチーム。助《すけ》っ人《と》に招いたはずの人物が、いつしか実権を握り、招いた側の人間を追い落とす。

「軒下《のきした》を貸して母屋《おもや》をとられる」の類である。ビジネスマンはつねに注意を怠らぬと同時に、隙《すき》につけ込むのも一つの戦術と割り切り、自身にチャンスがめぐってくれば、ためらわずに主客を逆転させて乗っ取るべし——そこまではいかぬとも、相手を操縦する大義名分には学ばねばならない。

【第19計】勝つ条件

二《に》虎《こ》競《きょう》食《しょく》の計

……二虎を競わせ共《とも》食《ぐ》いさせる

敗れる理由 強い者同士は仲違いしやすい

◎邪魔な敵同士を噛み合わせる計略

曹操が献帝を擁し、後漢帝国の実権を握った頃、劉備は徐州の太守として、勢力を僅かながらも築きつつあった。

しかも、その勢力圏内の小沛《しょうはい》には呂布がおり、劉備はこの武勇並ぶもののない男を扶《ふ》持《ち》していたのである。

「もし、劉備の器量と呂布の勇とが結びつけば、将来、災いをもたらすかもしれない」

危惧する曹操に、自らは手を汚さず、なお両者を抹殺するための謀略を進言したのが、荀彧《じゅんいく》であった。

荀彧は、曹操が遷都をはじめとした莫大な出費をしていることに留意し、一兵の派遣もしないで、外交によって二人を自滅に導く策を考えた。

「たとえば、二匹の猛虎がいたとしましょう。二匹はともに風雲を待っていたとします。この二虎は飢えていました。そこへ、他から餌《えさ》が投げ入れられればどうなるでしょうか。二虎は本性をむき出しにして、お互いに噛《か》み合うでしょう。おそらく、死闘のすえに一虎は倒れ、残る一虎も勝ったとはいえ、満身創痍《そうい》でもはや第三の敵と戦う気力は残っていますまい。そうなれば、この二虎の皮を得るのは、きわめて容易になるではありませんか」

荀彧のいう〝二虎競食《にこきょうしょく》の計〟とは、いわば、両雄並び立たずの原則を衝いたものともいえる。見方をかえれば、できる人間、己れに自負をもった者ほど、この計にはまり易いといえるだろう。

劉備は徐州を領有していたものの、まだ、正式の詔勅を受けていなかった。この正式辞令を、荀彧は餌にしようというのだ。勅使を下して正式に徐州の太守となし、その代償に呂布を殺害せよとの密旨を添える——。

曹操側にすれば、劉備が呂布を殺害しても、己れの片腕を断《た》ったに等しく、逆に失敗すれば、武勇の呂布が劉備を許すはずがなかった。どちらに転《ころ》ぼうとも、損はない。

さっそく曹操は使者を派遣し、劉備に呂布を殺すよう囁《ささや》かせる。

劉備はどうしたか。この謀略には乗らなかったのである。

郵便はがき

お手数でも郵便切手をお貼りください

104-8233

東京都中央区銀座一丁目3-9

実業之日本社

「愛読者係」行

ご住所　〒

お名前

メールアドレス

ご記入いただきました個人情報は、所定の目的以外に使用することはありません。

お手数ですが、ご意見をお聞かせください。

この本のタイトル 「　　　　　　　　　　　」	
お住まいの都道府県　　　　都道 府県	男・女 歳
ご職業　会社員　会社役員　自家営業　公務員　農林漁業 医師　教員　マスコミ　主婦　自由業（　　　） アルバイト　学生　その他（　　　）	
本書の出版をどこでお知りになりましたか? ①新聞広告（新聞名　　　）②書店で　③書評で　④人にすすめられて　⑤小社の出版物　⑥小社ホームページ　⑦小社以外のホームページ	
読みたい筆者名やテーマ、最近読んでおもしろかった本をお教えください。	
本書についてのご感想、ご意見（内容・装丁などどんなことでも結構です）をお書きください。 どうもありがとうございました	

実業之日本社のプライバシー・ポリシー（個人情報の取扱い）は、
以下のサイトをご覧ください。http://www.j-n.co.jp/

そこに
エサをなげこむ
のです
エサを見《み》た
二匹《ひき》の虎《とら》は
たちまち
本性《ほんしょう》をあらわし
かみあいます
そして
かならず一匹《ぴき》は
たおれ
残《のこ》った一匹《ぴき》とて
傷《きず》だらけで
ございましょう

「窮鳥懐に来らば、猟師もこれを殺さず」という。自分を頼ってきた呂布を殺して、義のない人間だといわれるのをためらった。

傍《かたわ》らにあった張飛は、ならばかわって己れが呂布を討つ、と物陰に身をひそませて呂布に斬りつける。

「義なく節なく、離反常ない。そのくせ、妙に武勇のある奴は行く末、世の中の害となり、国家のためにはならぬ」

もとより、呂布とて黙して斬られはしない。両者は大殺陣を演じたが、劉備が張飛を押しとどめ、呂布に謝罪させてことなきを得た。

さらに劉備は、呂布を招くと、ことの一部始終を包みかくさずに語った。朝廷からの密書も呂布に見せている。呂布はこれによって、疑いを解くとともに劉備の誠意に感じ、二人の結束はよりいっそう固くなったという。

『三国志演義』では、〝二虎競食の計〟は失敗に終わるが、もし、劉備に確固たる見識がなければ、この策略は大いにその威力を発揮したに違いない。

ビジネスにおいても、競合する他社との戦いを優位に展開するのに、強敵同士を嚙み合わせて、漁夫の利を得るのは、かなり有効な手だてといえるだろう。

【第20計】勝つ条件

駆《く》虎《こ》呑《どん》狼《ろう》の計

……虎を駆《か》って狼を呑《の》む

敗れる理由 強力な二人のライバルがいるとき、この両者とうまくやることは難しい

◎三人の敵を三つ巴《どもえ》で戦わせる策略

駆虎呑狼《くこどんろう》の秘策は〝二虎競食の計〟に失敗した曹操が、再び参謀の荀彧《じゅんいく》を召して、その知恵を借りた一計である。

「第二の計――」

として荀彧は、次のような謀略を曹操に献策した。

テーマは前回と同様、労せずにして劉備と呂布を葬ることを目的としたが、先の〝二虎競食の計〟が、両者の鞘《さや》当てであったのに対し、このたびは三人をもって構成するところが異なっていた。

三人目の人物に、荀彧は袁紹の異母弟で、独自の勢力をもっていた袁術を登場させる。

まずは袁術のもとへ使者をおくり、劉備が近ごろ帝に奏請して、南陽を攻め取るべく願

い出ていると知らせた。その一方で劉備のもとへも使者を出し、袁術が帝国に違勅の行為をおこなったと報じ、南陽征伐を命じる。

劉備には、帝の命に背けないという弱点があったから、これを受けるに違いなかった。

「豹《ひょう》に向かって虎をけしかけ、虎の穴を留守にさせます。すると、留守中の虎の穴へ餌《えさ》を狙って狼が現れるわけです」

豹は袁術、虎が劉備、狼は呂布ということになる。

「呂布には狼性があります」

と荀彧はいう。このたびの作戦の要《かなめ》は、呂布であった。前回は劉備の徳性が危機を察知してかわしたが、もしもあの計略を、呂布中心としていれば、あるいは呂布は劉備を討ったかもしれなかった。

二度目の勅使を迎えて、徐州城は出陣すべきか否かで紛糾する。糜竺《びじく》などはこれを、明らかな曹操の陰謀と看破した。にもかかわらず劉備は、勅命には抗し難いと南陽を目指して出陣してしまった。

劉備も後顧《こうこ》の憂いがなかったわけではない。だが、自薦してきた張飛を残したのは、やはり失敗であった。張飛は諸将の面前で、杯を砕いて禁酒の誓いをたてたが、なんのことはない、酒の誘惑には勝てず、部下を労《ねぎら》うために出した酒樽に、自らも一杯ぐらいは、と口をつけ、ついに泥酔に陥ってしまう。

その結果、小沛《しょうはい》の懸城《けんじょう》にいた呂布にその隙を衝かれ、奇襲されて徐州城を落とされる羽目となった。

呂布は本性をさらけ出したわけだが、その〝狼性〟は予知できぬものではなかったはずだ。それでいて劉備は、まんまと呂布に城を奪われ、生命こそ失うことはなかったものの、せっかくの徐州という拠《よ》り所をなくし、流浪することになる。

この秘計は、策を施《ほどこ》す相手の性格を見きわめることが、ポイントとなりそうだ。生真面目で、帝に忠勤を励む劉備には勅命をもって、〝狼心〟の呂布には格好の餌をぶらさげて——登場する人物の性格を読み誤っては成功は覚束《おぼつか》ない。

なお、〝駆虎呑狼の計〟は第三者をうまく巻き込めるかどうかが、成否のカギとなっている点も、忘れてはならない。一見、一枚岩にみえる組織やチームであっても、予想外の外部のアプローチには分離、反目しやすいものだ。

よくよくこの謀略のコツを呑み込めば、あなたも労せずして、難敵を倒せるに相違ない。

【第21計】勝つ条件

趁《ちん》火《か》打《だ》劫《きよう》の計

……火に趁《つけこ》んで劫《おしこみ》を打《はたら》く
［兵法三十六計］

敗れる理由 火事場で「馬鹿力」を出せない人は焼死する

◎曹操の鮮かな火事場泥棒的計略

趁《ちん》火《か》打劫《だきよう》とは、『警世通言《けいせいつうげん》』（近代以前の物語）にある成語である。

『孫子』に注を施《ほどこ》した杜牧《とぼく》は、「敵有昏乱、可以乗而取之」（敵に混乱があれば、それに乗じて取るべし）といった。

要は敵の弱味につけ込み、嵩《かさ》にかかって攻めたて、一気に勝敗を決する。これは、強者が勢いに乗じて弱敵を打ち負かす策である。

読者の中には、この火事場泥棒の響きの悪さに、顔をしかめる方もあろうが、戦いはいついかなる場合でも、勝機を逸してはならない。

孫子は、「兵は詭道《きどう》なり」（計篇）といっている。戦いは謀略を用い、敵を欺《あざむ》く道である。常道ではない。平たくいえば騙《だま》し合いである。

そこには、きれいごとの入る余地はない。

三国志の前半戦、華北の支配権を賭けて戦ったのは、曹操《そうそう》と袁紹《えんしょう》であったが、この二人はともに、その出発時点において、自前《じまえ》の勢力をもたなかった。

いかにして、己れの軍団を手中にしたのか。

それこそまさに、〝趁火打劫の計〟によってであった。

まず、曹操をみてみよう。曹操の出自は、「宦官《かんがん》」の養子で一億銭の賄賂《わいろ》を集め、三公のポストを手にした曹嵩《そうすう》の子として、あまりほめられたものではなかった。

一説には、曹嵩は沛国《はいこく》譙《しょう》の豪族・夏侯《かこう》氏の出ともいわれ、その先祖は前漢帝国創業の臣・夏侯嬰《えい》に繋がるという。

一方、曹氏も大漢帝国の功臣・曹参の末裔と称していたから、事実であれば名門ということになる。

が、ライバルの袁紹にくらべては、家系が「宦官」であったことは、拭《ぬぐ》いようのない致命的欠点であったといってよい。

宦官の家であることに、一〇代の曹操は悩んだのであろう。いうところの、不良の徒として一時期をおくっている。

「太祖（曹操）、少《わか》くして機警《きけい》（機転が利く）、権数（権謀術数）あり、而《しこう》して任侠放蕩、行業を治めず」

と、『三国志』の「武帝記」にある。

もっとも、曹操は天下に志を抱くと、放蕩をピタリとやめ、己れを文武両道の〝士〟に錬《きた》えるべく、懸命の努力を重ねた。

「軍をおこすこと三〇余年、手は書を捨てず、昼はすなわち武策を講じ、夜はすなわち経伝を思う。登嵩《とこう》しては必ず賦《ふ》し、新詩を造るに及びては、これに管絃《かんげん》を被《こう》むらしめ、みな楽章を成す」（前掲書）

曹操は四六時中、何事かを成していた。

「孝廉《こうれん》」に選ばれて、中央の官僚コースへすすみ、帝都の警備隊長から頓丘《とんきゅう》県知事、宮廷の建議官となり、黄巾《こうきん》の乱に際しては近衛《このえ》の騎兵隊長、次いで、済南《さいなん》国の執政官となり、さらに東郡太守《たいしゅ》に任命されたが、これを断わって郷里へ引き籠《こも》った。「西園八校尉《せいえんはちこうい》」のひとつ典軍《てんぐん》校尉となったのは、その後のこと。

だが、袁紹の宦官誅《ちゅう》滅《めつ》計画に加担しなかった曹操は、董卓にも仕えず、いわば着の身着のまま、都を脱出したわけで、逃走の途中、中牟《ちゅうぼう》県の関所で一度は捕えられ、危うく殺害されかかったこともあった。

故郷の陳留《ちんりゅう》郡の譙《しょう》（現・安徽《あんき》省亳州《はくしゅう》市）に、ようやくたどりついた曹操は、都の混乱を誇張して一族郎党に訴え、やがては、それが諸国に飛び火して乱世となる、といった類の演説をしてまわった。

平穏な村を弁舌によって、火事場に一変させたのである。

幸いにも経済的に恵まれていた曹操は、従弟《いとこ》の曹洪《そうこう》、曹純《そうじゅん》をはじめ、母方の従弟である夏侯惇《かこうとん》らを糾合《きゅうごう》し、五千の義勇軍を編成した。

これが、打倒董卓の挙兵に繋がる。

曹操はこのとき、三五歳であった。

その後、曹操は幾度か敗戦を経験するが、その一方で、すでに以前の勢力もなく、分裂していた黄巾賊の残党を、それこそ嵩《かさ》にかかって攻め潰し、片っ端から己れの軍団へ併呑《へいどん》していった。

なかでも、河北に展開していた褚飛燕《ちょひえん》の率いる黒山賊《こくざんぞく》の征伐と、青州に蟠踞《ばんきょ》していた黄巾賊の残党が、その精神的支柱を失くしているところを、集中して攻撃するなどして、ついには済北《せいほく》（山東省済南市）に追いつめ、降伏にいたらしめた功績は大きかった。

青州の黄巾賊の軍勢を、曹操は改めて「青州兵」と名づけ、己れの主力軍に育成した。もし、この「青州兵」をもつことがなければ、曹操はあるいは、天下取りのレースに参加できなかったかもしれない。

火事場泥棒的手段であったとはいえ、実に安価な買物であった。

なお、この時点で、曹操は実に三〇万余の兵力をもつにいたった。ときに三八歳。

◎基盤のない袁紹が用いた裏ワザ

一方の袁紹はどうであったか。

この策士は、何進《かしん》の腹心として宦官撲滅を企てながら、董卓に漁夫の利をさらわれると、冀州《きしゅう》（河北省南部）に逃れ、やがて、反董卓連合軍を組織して、その盟主におさまっている。

そのあざとい動きは、後漢末期、断然、群を抜いていたといっていい。

そのやり口の好例は、冀州に逃亡したおりの策謀をみれば領《うなず》けよう。まさしく、〝趁火打劫の計〟の見本ともいうべき、手際のよさであった。袁紹は冀州に、確たる基盤を有していたのではなかったのである。

彼は中央の名門出身ではあったが、冀州に地縁などもなかった。あえていえば、冀州の豊沃な土地に以前から目をつけていたぐらいであろうか。

このころ、冀州は牧《ぼく》（刺史《しし》）であった韓馥《かんふく》の支配下にあり、兵力をもたない袁紹は、力でこれを攻め取ることはできなかった。そこで、北方に拠《よ》る公孫瓚《こうそんさん》をそそのかし、冀州に進撃させる一方で、韓馥のところへ使者を派遣し、袁紹を頼るのが最善の方策だと説かせたのである。

韓馥は反董卓連合の一員として名乗りをあげたものの、乱世に自立できるだけの才覚はもたなかったようだ。「白馬将軍」と畏怖されていた公孫瓚を恐れるあまり、自らすすんで袁紹を呼び込んでしまったのである。

袁紹はまんまと韓馥にとってかわると、己れが冀州の実権を握ってしまった。

蛇足ながら、袁紹がただものではなかったのは、冀州の役人であった沮授《そじゅ》を、幕僚に加えたことでも判る。

沮授は、その稀有な構想力において、孔明と並び称されて然《しか》るべき人物であった。

「将軍はすでに、天下にその名を知られています。董卓による天子廃立の際には、毅然《きぜん》として忠義の立場を貫徹され、あの董卓をすら、震えあがらせたほどです。さらに華北に進出し、渤海郡《ぼっかい》を服従させ、いまや冀州をも支配下におさめ、その名は天下に鳴り響いております」

沮授は全兵力をもって東方に向かい、黄巾の残党が拠る青州を掃滅し、返す刀で黒山賊を討って、さらに全軍を北へ向けて公孫瓚を討つよう進言した。

つまり、曹操と同じ戦略をとったわけである。ただし、その収穫たるや、曹操をはるかに凌《しの》いだ。

北方の匈奴《きょうど》ににらみを利かせ、冀州・幽州・青州・并州《へいしゅう》の四州を合わせた袁紹は、天下に逸材を求め、百万の兵を養うまでになる。

袁紹は、沮授の建策に沿って行動した。

最初の難関であった公孫瓚との戦いにおいても、沮授は別項の〝囲魏救趙《いぎきゅうちょう》の計〟(第31計)に相当する北方の異民族との共同戦線を唱え、軍司令には、その戦法に長じた麴義《きくぎ》を任命。強敵・公孫瓚を完膚なきまでに破ったのである。

【第22計】勝つ条件

借《しゃく》刀《とう》殺《さつ》人《じん》の計

……刀を借りて人を殺す

［兵法三十六計］

敗れる理由　他人のふんどしで相撲をとれない人は失敗する

◎労せずして敵の蔡瑁《さいぼう》と張允《ちょういん》を葬った周瑜《しゅうゆ》の計略

〝借刀殺人《しゃくとうさつじん》の計〟は『紅楼夢《こうろうむ》』（成立・一七五〇年頃）から、例の引用がなされている。

自分の力を費やすことなく、第三者を利用して敵を倒す策――日本流にいえば、「人の褌《ふんどし》で相撲をとる」の計略ということになろうか。

『兵法円機《えんき》』には、

「自分の力が不足していて、敵を倒せないなら敵の刃を借りよ」

という意味の言葉があった。また、『易《えき》』損卦《そんか》の「下ヲ損シテ上ヲ益ス」の応用にほかならない、ともいう。

要は、わが兵力を温存させながら、敵の勢力を弱めるのが目的である。

この計略を、赤壁《せきへき》の戦いの直前にみごとに用いて、自軍を有利に展開した司令官がいた。

呉の大都督《ととく》・周瑜である。彼は大胆にも、「敵を知るは、戦《いくさ》に勝つ第一の要諦《ようてい》」と闇夜に、密かに曹操軍の水塞《すいさい》を偵察した。するとそこには、みごとな戦陣が敷かれてあった。華北出身者が大半を占める曹操軍は、騎馬戦＝陸上の戦いならともかく、水上戦ではさしたることもあるまい、と高を括《くく》って偵察していた周瑜であったが、あまりにも大きく期待を裏切られて、胸中、おだやかではなかったようだ。

案ずるに、曹操の軍門に降った荊州《けいしゅう》にも、優秀な水軍があった。蔡瑁とその甥の張允は、ともに水軍の指揮官としては有名である。彼らが曹操水軍を指揮すれば、呉軍とて苦戦を強いられかねなかった。

なにしろ、動員兵力数、機動力において、曹操軍は圧倒的優位にある。それに水軍までもが活躍するようなことにでもなれば、呉にとって戦の条件はますます不利となろう。

——なんとかして、蔡瑁と張允を始末する方法はないものだろうか。

周瑜は思案するが、両者は幾重にも固められた曹操軍の本陣にあった。

そうしたところへ、曹操の幕賓《ばくひん》・蔣幹《しょうかん》（字《あざな》は子翼《しよく》）がふいに現われた。周瑜と蔣幹は郷里も近く、少年時代は学窓の友でもあった。

蔣幹は曹操の意を体《たい》して、周瑜に降伏を勧告にきたのであったが、周瑜は笑って首を横に振り、皆目《かいもく》とりつくしまがない。

しかしながら、二人の佳肴杯盤《かこうはいばん》はめぐり、酒宴はいつ果てるともなくつづいた。当然のことながら、蔣幹は周瑜の旧友として遇され、酔った蔣幹は周瑜の私陣に泊まることとなる。

夜半、蔣幹は目をさまし、ふと、机の上に目をやったところ、陣中往来の機密文書が目にとまった。蔣幹は周瑜の寝息をうかがいながら、そのひとつを取り上げ、目読して愕然《がくぜん》とする。張允からの書簡であり、そこには周瑜と内応して、曹操を討つ旨が詳細に記されてあった。

蔣幹は興奮する気持ちを鎮めながら、再び寝床の上に身を横たえた。うとうとしていると、低く帳外《ちょうがい》の扉を叩く音がして、誰かが侵入してきたようであったが、蔣幹は目をつぶり耳をそばだてていると、侵入者は軽く周瑜をゆり動かしているふうで、間もなく、蔡瑁、張允の名が途切れとぎれに聞こえた。

夜明け前、ついに眠れなかった蔣幹は、周瑜が寝入っているのを見定め、故意に大きく伸びをすると、厠《かわや》へ用足しにいくふりをしながら、書簡の一通を机上から盗むと、そのま

ま曹操の陣へ戻った。

周瑜を説得できずに面目を失した蔣幹は、蔡瑁と張允の呉への通謀《つうぼう》を、名誉回復の材料として告げる。激怒した曹操は、蔡瑁と張允を召し出すと、問答無用とばかり有無をいわさずに、両者を斬首した。

これが周瑜の〝借刀殺人の計〟であったのはいうまでもない。

企業の内部で、ときおり派閥争いにこの方法が用いられることがある。敵の派閥の実力者を、さもスパイであるかのようにデッチあげ、敵に信じ込ませ、挙句のはてには敵の派閥自身に始末させる。巧妙なワナにはめていくのだが、本書の読者には、常日頃からの用心を心掛けていただければ大丈夫――。

【第23計】勝つ条件

混《こん》水《すい》摸《ぼ》魚《ぎょ》の計

……水を混《かきま》ぜて魚を摸《さぐ》る

［兵法三十六計］

敗れる理由 目先をくらまされると、人は正しい判断ができなくなる

◎曹爽《そうそう》を葬った仲達の計略

混水摸魚《こんすいぼぎょ》の「混」は「渾」と同義である。「摸」は手探りで獲ること。水を濁らせて魚の目をくらませ、その機に魚を捕えるところから、一般には混乱に乗じて勝利を得る計略の比喩に用いられている。

前述した〝趁火打劫《ちんかだきょう》の計〟とよく似ているが、〝混水摸魚の計〟は、機会が与えられるのを待つのではなく、水を混ぜるという積極面をもつ点が少し異なっている。

この好例を挙げてみよう。

仲達が洛陽を占拠してクーデターを起こしたおり、ひとつだけ失策をしていた。大司農《だいしのう》（大蔵大臣と農商務大臣を兼ねた役職）の桓範《かんはん》を取り逃がし、洛陽から脱出させてしまったことだ。しかも、桓範は兵糧を調達する際の、印証まで持ち出していた。桓範

は曹爽のところへ、急ぎ駆けつける。真の忠臣とは、こういう人をいうのかもしれない。

ついでに記すと、桓範は徐幹《じょかん》の『中論《ちゅうろん》』とならぶ魏晋の法家思想の代表で、『世要論《せようろん》』の著者であり、曹爽派の参謀といってもよい人物であった。

桓範は曹爽が兄弟揃って高平陵《こうへいりょう》に参詣すると聞いたとき、これに反対している。

「万一のことがありました場合、城門を閉ざされてしまったら、一体、誰が城内へあなたを導き入れましょうや」

だが、政敵・司馬仲達の再起不能を信じる曹爽は、

「兵馬の大権はわが掌中にある。だれが謀叛などできようぞ」

といって、相手にしなかった。が、変事は出来《しゅったい》した。桓範は動揺をかくせぬ曹爽に、次のように進言した。

「このまま帝を擁して許昌《きょしょう》へ移り、広く天下に兵を徴集し、あくまでも仲達とは戦うべきです」

河南省の許昌までは、わずかな距離であり、城内には武器貯蔵庫もあった。兵糧も桓範が印証を持ち出してくれたおかげで、調達に不安はない。

桓範の進言は、的を射ていた。

この桓範の策を採用していれば、あるいは、大晋帝国はその誕生を阻止されたかもしれない。ところが、曹爽も、弟の曹羲までもが、優柔不断な態度をとった。曹爽はあろうことか、大将軍の証である宝刀を投げ出し、

「仲達はわたしの権力を取り上げようとしているだけだ。身分が保障されるのであれば、わたしは洛陽に戻って、生涯を富翁《ふおう》としてのんびりと暮らすことにしたい」

といった。

この時、すでに曹爽は〝混水摸魚の計〟に陥っていたのである。

仲達は曹爽の人となりをみてとり、クーデターが成功するや間髪《かんはつ》を容《い》れず、曹爽のもとへも使者をおくり、生命、財産、身分、その生活を保障して、洛陽に戻るよう説かせたのであった。曹爽は簡単に、仲達の計略に乗ってしまった。

もともと、この人物は良家の血統という以外は、さほどみるところのない高官で、諸葛孔明の北伐に、魏の大司馬として活躍した功労者の曹真《そうしん》の子に生まれ、曹操の甥《おい》ということで可愛いがられ、若くして皇族なみの処遇を得ていたにすぎなかった。

とりわけ明帝は、曹爽に目をかけ、即位してからというものは皇帝侍従長、武衛将軍、と破格ともいえる昇進をさせ、死に臨んでは大将軍に任命し軍事の大権を授けるとともに、

尚書省《しょうしょしょう》の仕事である皇帝秘書官の職責まで総括させ、朝廷の中心に座らせた。

曹爽には仲達の恐ろしさが、判っていなかったのである。

哀れをとどめたのは、桓範であった。

「曹真はまだましであった。わたしはどうしてこのような、小豚や小牛のごとき輩《やから》と組んでしまったのか。これで一族は皆殺しにされるであろう」

洛陽に戻った曹爽らの一門は、官職を解かれて邸に軟禁された。ほどなく放免されるであろうと期待していると、なんのことはない。〝謀叛の企てあり〟との罪状による、三族皆殺しの極刑が待っていたのであった。

曹爽のブレーンであった丁謐《ていひつ》以下の官僚も、桓範も、ともに処刑されてしまった。

仲達は曹爽を屠《ほふ》ると、丞相の極位に昇り、事実上の曹魏政権の支配者となったのである。

◎仲達が王淩《おうりよう》討伐に用いたもう一つの策略

――このままでは、仲達に曹魏政権を簒奪《さんだつ》されかねない。

心ある朝臣の中には、いまにして仲達の専制に歯止めをせねば大変なことになる、との危機意識をもつ者も少なくなかった。

なかでも、征東将軍として揚州《ようしゅう》に駐屯する王淩は、楚王《そおう》となっていた魏の武帝の子・曹彪《そうひょう》を担ぎ、かつての三国時代のごとく、この人物を天子となして、独立した軍閥政権を樹立する構想を抱いていた。

ところが、不運にも準備完了の直前になって、機密が仲達のもとに漏洩してしまった。

仲達はここでまたしても、〝混水摸魚の計〟を用いている。

直ちに詔勅《しょうちょく》をとりつけた仲達は、王淩が謀反を企てた旨を天下に公表すると、すぐさま大軍を動員して鎮圧に乗り出した。その一方で、王淩には丁重な親書を送って、仲達との共存共栄の期待をもたせるとともに、決起を鈍らせて翻意を促す策を講じる。

まさに王淩の頭の中をかき混ぜて、その心理をも攪乱し、的確な反応を阻止したわけだ。

王淩は仲達の大軍を前にして、ようやく我に返ったが、もはや一戦を交えるだけの血気は冷め、仲達の親書に期待する気持ちに傾いていた。

甘城《かんじょう》に入城する仲達を、わざわざ武丘《ぶきゅう》で出迎えた王淩は、自ら手を背後に縛《しば》って他意なきを示し、仲達の陣屋に赴くといった演出までしている。

傍目《はため》にみて、王淩ほど滑稽な者もなかったろう。仲達は水を混ぜ、手元にきた魚を無雑作にすくいあげるごとく、王淩を拘束して都へ護送すると極刑に処した。

相手（あるいは敵）を内部攪乱し、その混乱に乗じて勝利を収めるこの〝混水摸魚の計〟は、今日のビジネス社会でも、多分に見受けられるところである。

たとえば、仕事のできる部下が、得意先のリストをそっくりそのまま持参して、ライバル会社に転職しようとしている、と知れたとしよう。

上司はまず、翻意させるために、至れり尽くせりの弁明と反省、処遇の再考を口にする。だがこれは、時間を稼ぎながら局面を好転させるための、方便《ほうべん》である場合が少なくない。

得意先をその間に分散させ、あるいは他に振り分けるなど、多くの工作を労して、その裏切り者ともいうべき部下の実質価値（対外評価）を下げる。が、あくまで上司は言葉の上では、評価を上げつづけ、思い悩んだ末に当人が、それでもやはり初志にもどって、いよいよ転職しようとしたときには、もはや、もって行くべきもの（実質的価値）はなくなっていた——というように使う。

この場合、翻意したとしても結果は同じと知るべきである。組織は一般的に、一度、裏切った者は二度とは信用しないものだ。

できるライバル、部下、あるいは競合企業間、対人関係には、この計略は不可欠といえるかもしれない。

【第24計】勝つ条件

仮《か》道《どう》伐《ばつ》虢《かく》の計

……道を仮《か》りて虢《かく》を伐《う》つ

［兵法三十六計］

敗れる理由 他人に口実を与える言動が自分の身を亡ぼす

◎大義名分を用いて弱者を呑み込む計略

〝仮道伐虢《かどうばつかく》の計〟は、別称を〝仮途滅虢《かとげんかく》の計〟ともいう。『韓非子《かんぴし》』や『左伝《さでん》』に、出典の挿話《エピソード》が載っている。

「虢《かく》」は春秋時代に、存在した国名——。

紀元前六五八年、大国晋《しん》の献公は、この虢国を討伐しようと考えた。だが、ここに一つの問題があった。虢国にいたるためには、途中にある虞国《ぐこく》の領内を通らねばならない。もとより、他国の軍勢を自国領内へ入れ、あるいは通行させる国など、あろうはずはなかった。とはいえ、虢国に加えて、虞国までを敵にまわして戦うには、負担があまりにも大きすぎた。

さて、どうしたものであろうか、と献公が思案をしていると、大夫《たいふ》の荀息《じゅんそく》が次のように進言した。

「曲産《きよくさん》の良馬と垂棘《すいきよく》から出土した玉を、虞国に贈って、領内通過を黙認してもらうのはいかがでしょうか」

二つの至宝を与えられよ、といわれて献公は渋った。万一、宝は贈ったものの、通行を認めてもらえなければ、大きな損失となるではないか。

「虞には宮之奇《きゆうしき》という忠臣もいる。思うようには運ぶまい」

献公は進言を退《しりぞ》けようとするが、荀息はなおもねばった。

「たしかに宮之奇は立派な人物ですが、性格的には弱いところのある人間です。決して、顔を露《あらわ》にしてまで、己れの意見を主張したりはしますまい。それにかの人は、虞公と幼馴《おさなな》染《じ》みとか。身内意識が強ければ、虞公は何の気がねもなく、宮之奇の忠告を退けることでしょう」

献公は折れた。荀息を虞国へ使者として派遣する。虞公に謁《えつ》した荀息は、二つの至宝を捧げて虞公を説いた。

「さきに冀国《きこく》は虞国の顚軨《てんれい》、鄍地《ばくち》を侵略し、大逆無道の振る舞いに及びました。しかし、英邁《えいまい》な虞公はすぐさま冀軍を撃破され、秩序を回復されました。今、虢国が冀国と同じように領土拡張の野心を露骨にして、わが国の南方を騒がせております。これを討たんがため、なにとぞ、虞国領内の通過をお許しくださいますよう……」

虞公は至宝に目がくらみ、領内通過を許可したばかりか、虞軍の兵を援軍として出す厚意まで示した。無論、宮之奇はことの危うさを諫《いさ》めたが、虞公は取り合わない。晋虞連合軍はこの年の夏、虢国を攻めて下陽《かよう》を陥れた。

三年後、晋国はふたたび虞国に、虢国再征を口実に領内通過の許可を求めた。宮之奇は前回にも増し、執拗に諫言をおこなっている。

「虢国はわが国の城壁同様です。虢国が健在なればこそ、晋はわが国に野心を示さないのです。万一、虢国が滅びるようなことがあれば、虞国も亡びることでしょう」

宮之奇はここで、「輔車相衣《ほしやそうい》、唇亡歯寒《しんぼうしかん》」のことわざをひいた。

だが、虞公はこうした諫言に耳をかさず、またしても晋軍の自国領内通過を許してしまう。宮之奇は、もはやこれまでとみたのであろう、家族を率いて国外に亡命した。

「虞国は明年を待たずして、滅亡するであろう」

宮之奇の予言は的中した。この年、虢を討滅した晋軍は勢いをかって、帰りの駄賃でもあるまいが、安心しきって無防備であった虞国を、瞬時にして亡ぼしてしまった。

「玉はもとのまま戻り、良馬はふとって帰ってきた」

献公は笑ったという。

この計略は、たとえ僅かであろうとも、他者に口実を与えてしまうと、取り返しのつかぬこととなる、との教訓である。

つまりは、強者が弱者を併合する策謀といっていい。しかも、この〝仮道伐虢の計〟は、大義名分を立てることで、効率よく弱者を呑み込むことを教えている。

三国志の物語の中にも、すでに別項でみたごとく、この策におちいって領土を失った牧や刺史は、少なくなかった。

◎蜀に学ぶ弱者の領土経営術

では、〝仮道伐虢の計〟から逃れる方法はあるのであろうか。諸葛孔明は、この謀計を見事うち破っていた。赤壁の戦いののちである。戦局のどさくさにまぎれて、荊州《けいしゅう》（正確には南半分）を占拠した劉備に、呉の孫権は繰り返し返還を求めてきた。

劉備にすれば、この地を失えば拠《よ》るべきところがなくなる。劉表の嗣子《しし》であった劉琦《りゅうき》を口実に使って逃げたこともあったが、その劉琦もあえなく病没。次には、孫権の妹を妻に娶《めと》ったが、それでも呉の追及はやまなかった。

――無理もなかった。呉は莫大な軍馬銭粮《せんろう》を消費して、赤壁の戦いに勝利したものの、荊州を獲得しなければ、実際の戦果を得たことにはならなかったからである。

劉備のもとへ、たびたび使者にたった魯粛《ろしゅく》は、『三国志演義』の世界では、その都度、孔明の計略にかかり、呉の大都督・周瑜《しゅうゆ》に、その軽率《けいそつ》をたしなめられるのだが、その過程で、次のごときくだりがある。

孫権の妹と婚姻した劉備に、あらためて魯粛が、荊州譲渡の件をもち出したところ、劉備は嘆き悲しみの声をあげた。勿論、これは孔明の差しがねであったが、声を洩らして泣く劉備に、魯粛が呆然とするところへ孔明が現れる。

孔明は劉備の泣く理由を、荊州を返すためには蜀を攻めとらねばならないが、蜀の劉《りゅう》璋《しょう》は漢朝の同姓。ゆえなく兵を入れては、主君劉備の不徳を世人に罵《ののし》られ、進退きわまったからだと説明した。魯粛は、なるほどと一度は納得し、このときも空手《からて》で帰国の途についている。が、途中、柴桑《さいそう》に駐留していた周瑜のもとに立ち寄って、ことの次第を話した。

すると周瑜は、またしても孔明に、一杯食わされたのだといい、劉備の涙は単なる遷延《せんえん》策《さく》であり、荊州を呉に返還しないための言い訳だと見破る。青くなる魯粛に、周瑜は一大秘策、即ち〝仮道伐虢の計〟を授けた。

魯粛はその足で再び劉備を訪ね、劉備の名で蜀へ侵攻するのがまずいのであれば、呉の大軍をもって蜀を攻めるから、その節は、荊州を通過することと、多少の軍需品・兵糧を補給する旨を確約してほしいといった。この時、劉備にかわって、孔明はこの申し出を快諾している。

間もなく周瑜が五万の兵を率いて、柴桑から荊州の夏口に上陸してきた。出迎えた糜竺《びじく》は、軍需品・兵糧を準備して、劉備も荊州の城を出て到着を待っていると告げる。

だが、先触れの糜竺が去ってからというもの、荊州城にいたるまでの間、何処にも出迎えの将士の姿が見えない。いぶかりながらも周瑜は、劉備が荊州を明け渡して逃げたと思い込んだ。ところが劉備軍は、荊州へ深く周瑜を引き入れると、完全に包囲する態勢をとっていたのであった。荊州城を守備していた趙雲は、周瑜を見おろしていう。

「わが軍師孔明殿には、はやくから都督の〝仮道伐虢の計〟を見抜いておられたがゆえに、それがしを此処《ここ》に留め置かれたのだ」

ついでに記すと、周瑜はこれを聞いて、あまりの口惜しさに矢傷が再び開き、それがもとで、やがて生命をおとしている。

孔明《こうめい》は
なにもかも
見通《みとお》していた
わしの
やること
なすこと
すべてこれほど
見事《みごと》に見通《みとお》して
いたとは
人生《じんせい》とは
無情《むじょう》だ
天《てん》はこの周瑜《しゅゆ》を
地上《ちじょう》に生《う》まれさせ
ながら何故《なにゆえ》
孔明《こうめい》まで生《う》まれ
させたのだ
うぐっ

【第25計】勝つ条件

抛《ほう》磚《せん》引《いん》玉《ぎょく》の計

……磚《れんが》を抛《な》げて玉を引く
［兵法三十六計］

敗れる理由 人はうまい話につい乗ってしまうものである

◎四国志の主人公になれたはずの男に仕掛けられた策略

抛磚引玉《ほうせんいんぎょく》とは、日本式にいえば、「エビでタイを釣る」といったところであろうか。出典は宋代の『景徳傳灯録《けいとくでんとうろく》』という仏教書といわれている。

敵の重要な城、領地を奪い取ろうとするのであれば、まず自国の生命にかかわらない寸土を敵に渡し、自国の富国強兵をはかった上で、強国となれば大いに力を誇示し、立場のかわった相手から、大きな都市や豊沃《ほうよく》な土地を、すすんで割譲させるようにする。

さて、三国志の物語中、いつも脇役に甘んじている人物に公孫康《こうそんこう》がいた。父の公孫度《こうそんど》は、後漢の霊帝在位中の中平《ちゅうへい》六年（一八九）に、遼東郡の太守《たいしゅ》となり、武《ぶ》威《い》将軍・遼東侯・平州の牧《ぼく》を称した。

後漢末期の中国大陸は、まさしく乱世であったが、その中にあって公孫度は、ひたすら朝鮮半島攻略に心血をそそいだといっていい。

山東半島の北半を占領し、青州に刺史《しし》をおき、建安《けんあん》九年（二〇四）以後は、孤立した楽浪郡を、南半を帯方郡《たいほう》として独自の支配圏を確立した。

このかぎりにおいて三国鼎立《ていりつ》は、実は公孫氏を加え、四国並立、即ち、〝四国志〟といってもよかったはずだ。

公孫度の子・公孫康は、魏からも優遇されたが、「官渡の戦い」の後、曹操に追われた袁紹の二男・袁煕と三男の袁尚が領内に逃げ込んできたときなどは、この二人を殺害し、その首を曹操におくって喜ばれている。

そうしたこともあって、曹操は公孫康に襄平侯《じょうへい》・左将軍《さしょうぐん》の位を授けたばかりか、公孫康の関心を魏に向けるべく、さかんに公孫康をもち上げた。まさしく〝抛磚引玉の計〟であった。

公孫氏は康の死後、その子供たちが幼少ということもあって、一時期、弟の公孫恭《こうそんきょう》が跡目を継承している。魏では曹丕《そうひ》の時代にあたる。公孫恭はあらためて車騎《しゃき》将軍・襄平侯に封《ふう》ぜられたが、こうした事情は、成長した公孫康の二男・淵《えん》が、恭にとって代わってからも同じであった。

一方、呉の場合は、公孫淵の歓心を買うため幽州や青州の支配権を認め、燕王に封じて、「使持節《しじせつ》」（特定地域での刑罰の実行権）の資格まで与えている。

エビにしては、大きすぎるほどのエビだが、これも公孫淵がもつ広大な領地を奪うことを目的にしたものなら判らぬでもない。

魏＝洛陽あるいは鄴《ぎょう》
蜀＝成都《せいと》
呉＝建業《けんぎょう》
燕＝襄平《じょうへい》

この四ヵ国がこのころ、併立していたのである。もし、このまま公孫淵が呉と手を結んでいっておれば、中国の歴史も大きく変っていたであろう。

青龍《せいりゅう》二年＝建興一二年＝嘉禾《かか》三年（二三四）、蜀と呉は総力を挙げて魏にあたり、東西から一気に魏を衝《つ》いた。蜀の丞相・諸葛孔明が五丈原に陣没したのはこのときである。

大国の魏はこの攻撃を辛くも防衛しきったが、この戦いに呉の孫権と組んで公孫淵が、

海路から攻め込めば、三方面から同時に敵を受ける魏は大いに苦しんだに違いない。場合によっては、孔明は五丈原を抜いて、魏都の鄴（現・河北省邯鄲《かんたん》市臨漳《りんしょう》県）に到達していたかもしれなかった。

しかしながら、公孫淵は態度を明確にせぬままに、それでいて表向きは魏に追随の形をとる。戦後、公孫淵は手を拱《こまね》いていたにもかかわらず、消極的ながら魏に貢献したことになると思い込み、さぞかし明帝から感謝されることだろう、と虫のよい解釈で、大いに恩賞を期待した。

魏にすれば、最大の危機を乗りきったわけである。また、孔明の死によって、西部戦線での脅威も去っていた。これまでのように、公孫淵の機嫌をとる必要もなくなったわけだ。

エビという餌《えさ》は、タイを食いつかせておくための時間稼ぎでしかなかったのである。それでも魏は、一応は大司馬・楽浪《らくろう》公の爵位を与えた。が、今度は公孫淵が不満であった。公孫淵は、以前、呉の孫権が認めた〝燕王〟の呼称を公に使用。家臣の賈範《かはん》や倫直《りんちょく》の諫言も容《い》れず、より一層、独立国家の威厳を示し始める。

魏は司馬仲達をして、公孫淵を攻撃させた。水上戦であればともかく、公孫氏が陸上戦で魏を敵にし、単独で戦って勝利できるはずもなかった。

エビでタイを釣りつつ、魏は大いに時間を稼いでいたのである。

うまい話に乗って、あとで臍《ほぞ》を噛《か》むことの多い点を学んでいただきたい。

そのような場合、中国流の人間学からは、餌をまいたほうよりも、むしろ食いつく側に大きな責任があるとしている。

『淮南子《えなんじ》』という書に、「利ト害トハ隣ヲナス」という言葉がある。『荀子《じゅんし》』にも、「利ヲ見テソノ害ヲ顧ミザルコトナカレ」と戒める言葉が載っていた。

利益をほのめかされ、ちらつかされようとも、その裏にひそむ損害を考え合わせるだけの冷静さと判断力はもちたいものである。

勝つ条件

【第26計】

反《はん》客《かく》為《い》主《しゅ》の計

……客を反して主《あるじ》と為《な》す

［兵法三十六計］

敗れる理由

主導権を失うと、「彼我」の立場が逆転する

◎**三国志に頻出する情け無用の計略**

反客為主《はんかくいしゅ》とは、主人が客へのもてなしが下手で、かえって客にもてなされたような恰好《かっこう》になることをいう。

また、「主」には攻撃、有効、主動といった意味があり、「客」には防禦《ぼうぎょ》、不利、受身といった軍事上の語意があった。

日本の故事・ことわざとしては、「軒下《のきした》を貸して、母屋《おもや》を取られる」というのがある。

二度の義父殺しで、諸国のつまはじき者となった呂布を救け、受け入れたがために、本拠の徐州を失う羽目となった劉備も、いわばこの計略にかかったようなもの。あるいは、劉備に援軍を依頼して、益州を奪われる結果となった劉璋《りゅうしょう》も、この計に乗ぜられた被害者といえそうだ。

この〝反客為主の計〟は、三国志には頻繁に登場する。「反客為主」は、客の位置にある者が、主人の座に居直ること。つまり、受け身の立場にあった者が、逆に、主導権を奪取するわけである。

戦いに際して『孫子』は、主導権の確保こそ肝要と説いたが、客の位置にとどまっていたのでは、いつまで経《た》とうとも主導権を得ることはできない。そこで機をみて一気に、その立場を逆転させるのである。

手順としては、まず、客の座を得ると、主人の弱点を探《さぐ》る。そして行動を開始すれば、一挙に権力を奪取する（時期尚早と判断すれば、軽挙妄動はしない）。

権力を奪ったならば、急いでその権力を固めるのが、賢明なやり方であろう。

現代の企業社会でも、トップ交代にともなって、よくみられる動きと思えばよい。

下積み経験が、上に立ってはじめて役立つといったことは少なくない。

「短気は損気」

ともいう。まず、実力を身につけること。

それまでは〝忍〟の一字である。

勝つ条件
【第27計】

偸《とう》梁《りょう》換《かん》柱《ちゅう》の計

……梁《はり》を偸《ぬす》み柱を換《か》う
［兵法三十六計］

敗れる理由　組織は屋台骨がゆらぐと、瓦解の憂き目にあう

◎始皇帝《しこうてい》が徹底した謀略戦術

中身や本質をすりかえておきながら、あたかも従前同様のもののごとくにみせかける、これが〝偸梁換柱《とうりょうかんちゅう》の計〟の根本である。

戦場では敵側に察知されないよう、味方の主力軍を移動させるなどの戦術となって表われたが、梁《はり》や柱といった家屋を構成する屋台骨を取り換えることは、ときにその取り扱い、運用を誤まると、国家、企業、その他組織そのものが、廃亡することにも繋がった。

そこでこれを応用し、国家の屋台骨を、外部から取り換えてしまう計略が考案された。

秦《しん》の始皇帝は、つぎつぎと対抗勢力を潰滅していき、紀元前二二一年には最後に残った斉《せい》国を討滅して、ついに天下統一の事業を完成する。その際に始皇帝の用いたのが、〝偸梁換柱の計〟であった。始皇帝は斉に対して、徹底した謀略工作をおこなって、相手側の

士気を低下させ、戦意を喪失させるようにつとめたのである。

まず、斉の宰相・后勝《こうしょう》に目をつけた。后勝は斉の国政の実権を握っていたからだ。始皇帝はこの后勝に多額の金品を贈って、買収につとめた。

よほど、高額な贈り物であったのだろう。やがて后勝は始皇帝の要請を受け入れて、自身の部下、賓客の多くを秦におくり込んだ。秦では彼らを洗脳して、親秦派の要人、あるいは諜報要員として養成すると、応分の金品を与えて斉におくり返したのであった。

始皇帝の意を体した彼らは、帰国後、もっぱら秦が強大国であること、斉は敵し難い旨を喧伝《けんでん》してまわり、また、口を揃えて、戦争することの無鉄砲さを斉王に説いた。斉はまもなく、国をあげて戦意を喪失してしまう。

やがて、秦軍が斉の都・臨淄《りんし》に迫った。このとき、斉の人士はただの一人も抵抗する者はいなかったという。洗脳されておくり返された者たちの工作によって、国中は完全に骨抜きにされ、抵抗する意志すら失ってしまっていたのである。

◎呉を崩壊させた内なる計略

秦の始皇帝の場合は、積極的に外部から働きかけたところの〝偸梁換柱の計〟であったが、史上にはむしろ、内訌《ないこう》によって自滅する例のほうが、多かったように思われる。

三国志の時代、魏・蜀・呉のうちで、最後まで残った国は呉であった。

「その長ずる所を貴《たっと》び、その短《たん》なる所を忘る」

守成に専念した呉の孫権は、冒険することも少なく、蜀が魏に攻勢をかけている間も、専《もっぱ》ら内政の充実につとめていた。

ところが、呉は孫権の長期政権の中で、いつしか自縄自縛《じじょうじばく》、〝偸梁換柱の計〟に嵌《はま》っていたのである。ことの発端は、赤烏《せきう》四年（二四一）、孫権の長子で皇太子であった孫登《そんとう》が、三三歳の若さで他界したことにあったかもしれない。

呉の政権が、目に見えてゆらぎはじめたのは、この頃からであった。当時、呉は周瑜《しゅうゆ》から呂蒙《りょもう》―陸遜《りくそん》とつづいた独立国家構想にもとづき、魏の圧力をはねかえしつつ、隙あらば荊州（北部）を奪還して、機会に恵まれればすかさず中原《ちゅうげん》を目指す戦略を立てていた。

だが、その一方でこの安定地方政権は、諸葛孔明のような攻勢策を採らなかった代償として、宮廷諸礼式の整備、官職、身分が整然と定められるようになったが、その反面、国内の有力者間に派閥を生じ、これに後宮での女の争いが加わり、事態は混迷の度を深めていたのであった。

にもかかわらず、表面上は平穏を保ち得ていたのは、孫登が次期のトップとなることが明白であったからである。身分の賤《いや》しい母をもつ孫登ではあったが、彼は孫堅《そんけん》の妹の孫、つまり、孫権の従兄妹《いとこ》の徐夫《じょふ》を養母としていたことにより、派閥抗争も封じ込められていた。

——その孫登が没したのである。

当然のことながら、封じ込められていた派閥抗争が、一挙に表面化した。

孫登が死んだため、瑯琊《ろうや》の王《おう》夫人の生んだ孫和《そんか》が、一九歳で皇太子となった。孫登が逝った翌年のことである。

呉の混乱には、孫権の長子・孫登と三男の孫和に十五歳もの年齢差があったこと、また、次男の孫慮《そんりよ》が早逝《そうせい》していたことなどにも、遠因があったように思われる。無論、孫和に反対派がいたことが、抗争をより深刻化させたのは事実だ。

反対派の黒幕は、孫権の七人いた正夫人の中で、最も寵愛された歩《ほ》夫人の生んだ全公主《ぜんこうしゅ》だったといわれている。その娘は、はじめは周瑜の子・周循《しゅうじゅん》のもとに嫁したが、のちに右軍司馬《うぐんしば》・左軍郎《さぐんろう》の全琮《ぜんそう》に再嫁した経歴の持ち主で、全公主の後押ししたのが、孫和の直《す》ぐ下の弟・孫覇《そんは》であった。

孫和と孫覇はいうまでもなく異母兄弟——しかしながら、孫権は孫覇を寵愛し、孫和を皇太子とするや、直《ただ》ちに孫覇を魯《ろ》王にした。こうしたことからも、多くの宮廷人や豪族が、皇太子の孫和派と、魯王・孫覇派に大きく分裂したのは無理のないことであったろう。

これら派閥の動きを、懸命に押さえ込もうとしたのが、呉の名宰相・顧雍《こよう》であったといっていい。顧雍は冷静沈着、厳正中立な人物であったから、孫権もこの丞相には全幅の信頼をおいていた。

顧雍は一九年もの長期にわたって、呉の内政を司《つかさど》ってきたばかりか、さしたる失政もなかったといわれるから、およそ、その人となりもうかがえようというもの。

ところが、呉の悲劇は、孫登の死から二年を経ずして、この顧雍が他界してしまったところにある。呉の夕ガは完全にはずれてしまった。後任者には、人望、実績の面からも陸遜が最適として選ばれた。陸遜はかつて劉備を完膚なきまでに撃ち倒した、呉国の救世主である。この人事自体は的を射たものであった。

だが、陸遜は呉の生命線ともいうべき、荊州の牧と上大将軍を兼任していたばかりか、遠く荊州に在ったから、丞相に任命されても荊州を動くことができなかった。

いわば、北伐をつづける蜀の孔明と同じ立場にたたされたわけだ。

こうなると、呉の国内はもはや手がつけられなかった。わけても全公主は王夫人憎しで凝り固まり、あること、ないことを孫権に吹き込んだ。

あるとき、孫権が病気になり、宗廟での祭礼を孫和が代行することとなった。無事に役目を終えた孫和は、妃《きさき》の親戚・張休《ちょうきゅう》の屋敷が近かったので、その招きに応じて帰途に立ち寄った。それが全公主を通じて、孫権の耳に入ると、

「孫和は宗廟などには参ってはおりませぬ。王夫人の実家に入り浸って、なにやら画策していたようです」

ということになる。

怒り心頭に発した孫権に責め立てられ、王夫人は心労のあまりにこの世を去ってしまった。当然のこととして、王夫人に支えられていた孫和の地位は危うくなる。

こうした国内の混乱に、陸遜は荊州の地から、度重ねて孫権に上書した。

「皇太子は国家の正統であります。これに盤石《ばんじゃく》の重みを加えねばなりません。一方、魯王は御庶子。たかだか王室の藩臣にすぎません。当然、その待遇には差をつけるべきでありましょう」

陸遜は正論を繰り返し述べて孫権を諫《いさ》めたものの、孫権は聞く耳をもたず、ますます魯王・孫覇への盲愛を深め、直接、言上したいとする陸遜の帰国願いも却下する始末であった。

こうした陸遜の存在に危機感をつのらせた孫覇派は、罪状二〇ヵ条なるものをでっち上げ、陸遜の追い落としにかかる。信じられないことではあるが、老いて判断力が鈍ったのか、孫権は呉国の功臣・陸遜を疑い、問責の使者を派遣した。

陸遜は流罪を命じられ、憤りを発したままこの世を去っている。のちに孫権は陸遜の無実を知って後悔したが、すでに呉の内紛は国家そのものを瓦解《がかい》寸前に追い込んでいた。

皇太子派粛清がエスカレートするのは、陸遜の後任に、魯王派の歩騭《ほしつ》が丞相に就任してからであった。

赤烏《せきう》一三年（二五〇）、孫権はようやく決断すると、皇太子・孫和を廃し、魯王・孫覇に自害を命じ、喧嘩両成敗としたが、このときすでに呉は、〝偸梁換柱の計〟に深く陥り、身動きのとれぬ状態となっていた。

魏から晋に様変りした政権に、呉がその屋台骨を失った正体を見破られ、滅亡したのはそれから三〇年後のことであった。

今日の企業間における併合も、基本的には〝偸梁換柱の計〟を用いているのと少しも変わってはいない。

まずは、相手企業に資金援助をおこない、それにつれて人的援助を施す。やがて、役員が送り込まれて、社内に派閥が発生し、各々が影響力を拡大していく。

気付いたときには、社名は以前のままであっても、まったく別の体質・内容の企業となっているのである。

多くの場合、トップの首がすげかえられて、この計略は終幕となるようだ。ビジネスマンの読者諸兄は、ここにも留意する必要がなくはないか。

第四章

相手の裏をかく『奇《き》計《けい》』で勝つ極意

司馬仲達

【第28計】 勝つ条件

金《きん》蟬《せん》脱《だつ》殻《こく》の計

☯……金蟬が殻《から》を脱《だつ》する
［兵法三十六計］

敗れる理由

ピンチをわずかでも挽回できない人はチャンスをつかめない

◎〝空城の計〟を一歩進めた孔明の計略

後述する〝空城《くうじょう》の計〟（第33計）と表裏一体の関係にあるのが、〝金蟬脱殻《きんせんだつこく》の計〟である。「金蟬」とは蟬《せみ》のこと、俗には「知了《チイリャオ》」というらしい。

せみは成虫になるとき、殻《から》からすっぽりと体を抜く。この抜け殻に視点をおけば、〝空城の計〟となるが、殻を残したまま、抜け出たものが移動すれば、これが即ち〝金蟬脱殻の計〟となる。別名を〝遁身《とんしん》の計〟というのも、そのためであろう。

『三国志演義』には、〝空城の計〟でまんまと司馬仲達《しばちゅうたつ》を騙《だま》した諸葛孔明《しょかつこうめい》が、その直後、北山《ほくさん》に道をとった仲達軍を、関興《かんこう》、張苞《ちょうほう》ら蜀軍の伏勢で襲撃させ、完膚なきまでに撃ち破ったと記述されている。

われわれは得てして〝空城の計〟の奇抜さに目を奪われがちだが、当然そこにあるべき蜀軍の兵力は、カラになってどこにいったのであろうか。この点を忘れてはならない。決して遊ばせておいたわけではあるまい。孔明はすばやく、次の行動に移して、みごとに仲達軍を攪乱し、貴重な一勝を挙げてなお、敵が捨て去ったおびただしい兵器、食糧を収めて引き上げている。これぞ、〝金蟬脱殻の計〟の真髄であろう。

◎長坂橋で張飛が用いた妙計

劉備の義弟・張飛も、『三国志演義』の名場面で、〝金蟬脱殻の計〟を用いていた。長坂橋《ちょうはんきょう》（湖北省・当陽《とうよう》・宜口河《ぎこうが》の東一〇里）の一幕がそれである。

荊州《けいしゅう》の刺史《しし》、劉表の死去とこれにともなう次子・劉琮《りゅうそう》の後継、そして曹操への降参など、荊州の情勢がめまぐるしく変化する中にあって、その荊州に居候していた劉備は、大軍を擁して南下する曹操に大敗。逃走する途中で夫人やわが子（阿斗《あと》）ともはぐれる惨状に陥った。この劉備の大潰走《だいかいそう》を、辛くもくいとめたのが張飛である。

部下二〇騎を橋東の林の中にひそませ、各々の馬の尻に木の枝を結びつけ、林の中をがさがさと往来させて、あたかも伏兵が四、五百騎もいるかのごとく見せかけた張飛は、ひとり長坂橋の上に馬を立てた。

得物《えもの》の蛇矛《だぼう》を小脇に抱え、雲霞《うんか》のごとく攻め寄せる曹操軍と対峙。目前の一橋が、劉備たちには恃《たの》みの一線となっていた。

敵側とすれば、ここを防衛するため定めし多くの兵を投入しているだろう、と予想して攻め寄せたのだが橋の周囲には人影はなく、長橋の上にただ一騎が守っているにすぎない。

「はて？」

曹操軍の将領たちは首を傾《かし》げた。橋上の武者は、ほどなく張飛と知れた。眉《まゆ》も眦《まなじり》も、髪の先も、すべて逆しまに立って天をも衝かんばかりの形相である。一瞬、その勢いに呑まれたかのような曹操軍も、敵が一騎であると確認すると、互いに励まし合い、馬蹄《ばてい》を揃えて橋上へ殺到しようとした矢先、後方から「待て！」とするどい声がかかる。

曹操であった。彼はこれは計略とみた。

「うかつに出てはならぬ。橋上の匹夫《ひっぷ》は敵の囮《おとり》である。対岸の林の中に兵を隠しておろう」

曹操軍は結局、軍をひいてしまった。この間に劉備たち敗残の兵は少しずつ結集し、関羽の別働隊と劉琦《りゅうき》（劉表の長男）の兵を合流して、後に赤壁の戦いの一翼を担《にな》うのである。

商談において、かりに失敗したとしても、一〇〇パーセントそのダメージを受ける必要はない。最後の最後に、わずかながら挽回のチャンスはあるものだ。

あそこでございます

【第29計】勝つ条件

暗《あん》渡《と》陳《ちん》倉《そう》の計

……暗《ひそか》に陳倉を渡る

［兵法三十六計］

敗れる理由

こちらの急所（ポイント）を相手に悟られると負ける

◎項羽を安心させた劉邦の計略

暗渡陳倉《あんとちんそう》の陳倉とは、地名である。現在の陝西《せんせい》省宝鶏市――。

この策計の出典は、『史記』の「淮陰侯列伝《わいいんこうれつでん》」などであろう。

真に攻撃すべき地点《ポイント》を相手側にさとらせることなく、別の攻撃目標を設定して、敵を誘い出して敵の注意をそちらへ向けておき、突如として、本来の目的を達成する戦術である。

原理は次項の〝声東撃西《せいとうげきせい》の計〟とさほどかわらない。

この策略の出典、「明修桟道、暗渡陳倉」の成句は、項羽《こうう》と劉邦《りゅうほう》の戦いに由来していた。

秦を滅ぼしたあと、ともに戦った項羽と劉邦は仲違いし、劉邦の将来性に一抹の不安を覚えた項羽は、論功行賞の名目で劉邦を漢中王に封じ、僻地の漢中に駐屯させようとした。

この時代、のちの三国志の頃に有名となる〝蜀の桟道《さんどう》〟がすでにあった。

関中から秦嶺山脈を越えて漢中に赴くには、この蜀の桟橋＝絶壁をくり抜いて丸太を通し、その上に板を敷いただけの橋を渡らなければならなかった。

つまり、中央へ劉邦が再び返り咲くためには、この〝蜀の桟道〟を通らねばならず、項羽にすれば、この桟道を見張ってさえいれば、劉邦の動静は判る仕組であったわけだ。

ところが、劉邦は漢中へ進駐する道すがら、この桟道をことごとく焼き払ってしまう。

これではまるで、二度と関中に帰る意思のないことを、天下に示すようなもの。当然のことながら、項羽は劉邦への警戒心を解いた。関中の統治を他の将軍に任せると、自身は東方の本拠に引きあげている。

一年後、劉邦は項羽に挑戦する決意を固め、韓信《かんしん》を元帥に任命して、再び、関中に出撃した。

そのとき、韓信はまず人夫をおくって、桟道の修復工事に当らせている。桟道から打って出るぞという構えを示して、敵の注意をこの方面に集中させたわけだ。

そうしておいて、ひそかに、地元の住民しか知らない旧道から迂回して軍をすすめ、敵の守備軍を順次に撃破し、関中を手中にした。

「暗渡陳倉」の上に、「明修桟道」（明ラカニ桟道ヲ修ス）があるのはそのためであった。

◎公孫淵《こうそんえん》を討った仲達の万全戦法

孔明が五丈原に陣没し、蜀漢の北伐にひとまずの終止符をうった司馬仲達は、なおもしばらく、長安に駐屯して蜀を用心深く観察していた。が、その後、東北の遼東太守・公孫淵が、公然と魏に叛旗《はんき》を翻《ひるがえ》したため、魏の明帝は、急きょ、仲達を呼び戻すと、遼東平定の任務をあたえた。

「此《こ》れ以《もっ》て君を労するに足《た》らざるも、事は必ず克《か》つを欲す。故に以て相煩《あいわずら》わすのみ」

明帝の心労は、深刻であった。

蛇足ながら、三国志の時代は、厳密にみると四国志の時代であったといっていい。

公孫氏については、別項（第25計）でくわしくふれた。

景初《けいしょ》元年、公孫淵は明らかに、魏に反逆する態度を示した。

魏は秋七月、幽州の刺史・毌丘倹《かんきゅうけん》に問責の軍を率いさせ、公孫淵の真意を質《ただ》そうとしたが、彼は問答無用とばかりに、毌丘倹の軍勢を迎撃し、撃退するや自らは燕王《えんおう》を私称した。

公孫淵の行為を黙認しては、魏帝国の威信が問われる。

孔明死すといえども、蜀漢は未だ健在であり、呉も勢威は衰えていない。一刻も早く公孫淵を討たねばならなかった。

だが、公孫氏は代々、彼の地に拠《よ》り地理に詳しく、要害の城砦を擁していた。手間取れば、反乱は飛び火しかねなかった。

「君は其《そ》れ、何《いか》なる計をなさんと度《はか》るや」

明帝は仲達に質《ただ》している。

仲達はまず、相手側の出方を徹底して研究した。無論、公孫淵の人物、性格から、従う武将たちのことも、つぶさに調べたに違いない。その上で、翌景初二年正月、仲達は四万の歩兵、騎兵を率いて都を出発した。

公孫淵は遼水《りょうすい》の、東岸に防衛線を構築して待ちかまえていた。

仲達はどうしたか。迷うことなく〝暗渡陳倉の計〟を用いたのである。

旗印を林立させて、おとりの兵力を敵の南方に展開した。公孫淵は敵の大軍が南下したと思い、主力を南へ移動させる。

さらに慎重を期す仲達は、その隙を衝《つ》いて、主力を北へ向けて遼水渡河に成功するや、手当り次第に舟や橋を焼き払い、魏軍の存在を大いに印象づけた。そしてそれ以上に敵陣内には踏み入らず、東岸沿いに柵《さく》をめぐらせたのであった。

こうした仲達のあまりの慎重さに、苦言を呈する将もいたが、仲達は、相手がわが陣営の疲労するのを待っていると指摘し、いよいよ遼水に集結した敵軍を尻目に、本拠地を衝く作戦を開始する。

公孫淵軍とすれば、仲達軍の背後に迂回できたと思った矢先であった。急きょ、堅陣の守りを解いて仲達のあとを追った。仲達はこのときを待っていたのである。

公孫淵の軍勢を迎え撃ち、大いに撃ち破った。

三戦三敗——たまりかねた公孫淵は、前線を放棄して襄平城《じょうへい》へ立て籠《こも》ってしまう。だが、両者の戦いの勝敗は、すでに決していたといっていい。

ライバルに対して、こちらの手の内を知らせず、まったく見当はずれの情報をつかませ、そちらに注意を向けさせておいて、いきなり手の内＝目的を達成する、というのは、よくできるビジネスマンの常套《じょうとう》手段といえそうだ。

読者諸氏も活用されるとよい。

勝つ条件

【第30計】

声《せい》東《とう》撃《げき》西《せい》の計

……東に声して西を撃《う》つ

［兵法三十六計］

敗れる理由 **陽動作戦にひっかかると勝てない**

◎「官渡の戦い」にみる曹操の奇略

唐代の杜佑《とゆう》が著した『通典《つてん》』の、「兵典《へいてん》」に、「声言撃東、其実撃西」（東を攻撃すると声《い》ふらし、実は西を攻撃する）との兵法があり、これが声東撃西《せいとうげきせい》の出典かと思われる。

また、次のようなものもあった。

「領土を拡大しようとするなら、まず縮小するようにみせかけること。西に向かいたいなら、まず東へ向かうふりをすることだ」（『淮南子《えなんじ》』）

要するに、陽動作戦の一種である。

建安五年（二〇〇）二月、各地に群雄が割拠するなか、勢威著しい華北の袁紹《えんしょう》は、河南を掌中にした曹操と、黄河を挾《はさ》んで、中原《ちゅうげん》の覇を競って全面武力衝突にいたった。

先に動いたのは、袁紹軍一〇万余であり、本拠の鄴《ぎょう》を発向した大軍団は、南下して黎陽《れいよう》に本営を構えた。さらに先鋒の顔良《がんりょう》軍は黄河を押し渡って、曹操の前線基地・白馬城に殺到する。

白馬城を簡単に奪われれば、曹操軍全体の士気にも影響をおよぼしかねない。

曹操は自ら、主力を率いて救援にかけつけようとするが、このとき参謀の荀攸《じゅんゆう》が、次のように進言した。

「兵力においては、とても袁紹にかないません。ここはなんとしても、敵の兵力を分散させることです。そこでまず、延津《えんしん》に向かい、黄河を渡って敵の背後に回るごとく見せかけるのです。袁紹はあわてて西に軍を移動させ、迎え撃とうとするでしょう。その隙《すき》を衝《つ》き、軽装の騎兵を率いて白馬に急行し、敵の不意を攻撃すべきです。敵は驚き乱れ、わが軍は勝利することができるでしょう」

曹操は、荀攸の進言に従い、この策を採用した。

はたせるかな袁紹は、曹操軍が延津を渡河して、攻めてくると聞くや、すぐさま軍を二手に分かち、一軍を率いてこれを迎え撃った。それを見とどけた曹操は、全軍を直《ただ》ちに撤収して白馬へ急行。袁紹側の包囲軍を散々、打ち破ったのであった。

この曹操の勝利は〝声東撃西の計〟の、いまひとつのポイントを明らかにしている。

つまり、この策略は相手の錯覚や錯誤を利用して、その判断力を狂わせるのが要点であるが、問題は、相手の指揮官がどの程度の人物なのかを、事前に察知しておく必要がありそうだ。

冷静沈着で適切な判断力を備えた敵将であれば、おそらく、仕掛ける側の裏をかき、勝利を手にするに違いないからである。

◎神謀鬼才の孔明が仕掛けた一計

蜀漢の建興《けんこう》六年（二二八）、孔明は第一次北伐を敢行、剣閣《けんかく》の嶮《けん》を越えて、漢中の南鄭《なんてい》に進出した。

その後、西方の石馬《せきば》に本拠を移し、長安への侵攻の構えをとった。

魏延《ぎえん》が軍議の席上、漢中の西方にある褒中《ほうちゅう》から、真っしぐらに秦嶺《しん》を越え、長安を長駆《ちょうく》して奇襲する作戦を提案し、孔明から退けられたのはこのときのことである。

孔明は祁山《きざん》城（甘粛《かんしゅく》省南部）の攻略を目指していた。渭水《いすい》と嘉陵《かりょう》江《こう》の分水嶺にあり、この地を確保できれば渭水を伝《つた》って東進し、長安を背後から衝くことが可能である。

祁山進攻作戦にあたって、孔明は〝声東撃西の計〟を用いる。

老将趙雲《ちょううん》に箕谷《きこく》（現・陝西《せんせい》省漢中《かんちゅう》市）へ別働隊を進駐させ、斜谷道《しゃこくどう》を通過して北上し、長安に近い郿《び》へ向かうごとく見せかけた。

「長安危うし！」

とみてとった魏の曹真《そうしん》は、軍勢を率いて斜谷道へ急行した。孔明はこの隙を衝いて、容易に祁山周辺の南安・天水・安定《あんてい》の三郡を無血開城させている。

攻撃の相手が軍事大国の魏でなければ、孔明の北伐は容易に成功していたに違いない。孔明の神謀鬼才に震憾した魏の宮廷は、直ちに、張郃《ちょうこう》に五万の兵を授けて祁山救援に出撃させると、明帝は自ら長安に臨幸して諸軍の督励にあたった。

かたや蜀軍は、魏の援軍到着を察知すると、祁山に包囲軍の一部を残して、他は祁山の北方およそ二〇里の街亭《がいてい》に張郃軍を迎え撃つ。が、先鋒に抜擢した参軍馬謖《ばしょく》の命令違反がもとで、蜀軍は惨憺《さんたん》たる敗北を喫し、そのため孔明の本隊も総崩れとなってしまった。

五次（実際は四次）にわたった北伐の中で、わずかながらも勝算のあったのは、この第一次北伐だけであったのではないか、と筆者は思っている。

いずれにせよ、東と見せて西を衝く、右と思わせて左を取る、この戦法はあらゆるビジネスチャンスでも活用ができるに違いない。

この絵図《えず》を見《み》ると
馬謖《ばしょく》は街亭山頂《がいていさんちょう》に
陣《じん》を取《と》ってるでは
ないか
はい　王平将軍《おうへいしょうぐん》は
ずいぶん反対《はんたい》なされ
ましたが馬謖《ばしょく》さまは
山《やま》より駆《か》けおりた
ほうが敵《てき》を殲滅《せんめつ》
しやすいと……
馬謖《ばしょく》の
ばか者《もの》め……
わが蜀軍《しょくぐん》の
命《いのち》が馬謖《ばしょく》に
よって断《た》たれたわ
丞相《じょうしょう》
何《なに》をそのように
嘆《なげ》かれ
まする
これを
見《み》よ

【第31計】 勝つ条件

囲《い》魏《ぎ》救《きゅう》趙《ちょう》の計

……魏を囲《かこ》んで趙を救う

［兵法三十六計］

敗れる理由

強い相手と正面からぶつかると、はね返される

◎孫子の兵法のこれが真髄

〝囲《い》魏救《ぎきゅう》趙《ちょう》の計〟は『史記』の「孫子・呉《ご》起《き》列伝」が出典のようだ。

戦国時代の中期、魏《ぎ》は大国であり、しかも、さかんに拡張政策をとって他国を併合していた。紀元前三五三年、魏は趙《ちょう》の首都を包囲。趙はあわてて、斉《せい》に救援を要請した。

このとき、斉の国の軍師であった孫臏《そんぴん》は、斉の威《い》王《おう》の命によって将軍田忌《でんき》に従った。

孫臏は、趙の首都邯鄲《かんたん》を目指すとみせて、いきなり魏の首都大梁《たいりょう》（現・河南省開封《かいほう》市）を奇襲するよう進言した。

田忌は驚いて、その真意を孫臏に訊《たず》ねる。

「たとえば、もつれ合っている糸を解くのに、むやみに引っ張ればどうなるでしょうか。喧嘩の助太刀《すけだち》とて同様です。やみくもに殴り合いに加わっては、うまく収めることはでき

ません。相手の虚を衝いてこそ、形勢は自然とわがほうに有利になるものです。いま、魏は趙との戦いに精鋭部隊をすべて投入し、国もとには僅かな兵力しか残していません。このさい、手薄になっている魏の都・大梁を一挙に衝くことです。そうすれば、魏はあわてて邯鄲の包囲を解き、自国に軍を返すでしょう。これこそ相手に包囲を解かせるとともに、相手を疲弊させる一石二鳥の策ではありませんか」

魏軍は、孫臏の洞察したとおりに動いた。

祖国の危急をきいた魏軍は、邯鄲の包囲を解いて引き返したものの、ときすでに遅く、斉軍は魏の拠点をことごとく陥落させたあとであった。

集中している敵に攻撃を加えるより、まず敵の兵力を分散させ、そのうえで攻撃を仕掛ける。

ついでに、敵を疲れさせればなおよい。こちらから仕掛けるよりも、先方の動きを待って、敵を制するほうが楽でもある。

ついでながら、兵書『孫子』の作者は、孔子《こうし》と同世代の孫武《そんぶ》か、それとも孟子《もうし》と同世代の孫臏かといわれてきたが、一九七二年、山東省臨沂《りんぎ》市の古墳から、『孫子』とともに孫臏の兵書が出たため、『孫子』=孫武説が有力となった。

◎関羽が命を落とした恐るべき計略

劉備が漢中王に即位して間もなく、荊州を預かっていた関羽は、大軍を動員して、魏の征南将軍・曹仁《そうじん》の守る樊《はん》城を攻略すべく、陣触れをおこなった。

関羽は南都の太守・糜芳《びほう》に江陵《こうりょう》の留守を、将軍・傅士仁《ふしじん》に公安の守備を任せて、自身は北方へ軍をすすめると樊城を包囲した。

西への劉備の領土拡張にともない、関羽は荊州北部の地を改めて、劉備政権のもとに奪回しようとしたのであったが、曹操はこれを見逃さなかった。

曹操は宿将の于禁《うきん》と龐徳《ほうとく》をさし向けて、樊城の北に布陣させ、内外から関羽軍を挟撃《きょうげき》しようと画策した。が、おりしも大雨のため大洪水となって、于禁らの援軍は濁流のために前進不能となった。関羽はこの大洪水を予期していたのであろうか。予《あらかじ》め準備してあった船で、于禁らを攻撃。このとき、于禁を捕虜にし、龐徳を討っている。

樊城は関羽軍の船団に包囲されて、風前の灯となった。

ところで、これより少し前、陸渾《りくこん》県の孫狼《そんろう》という者が役人を殺害して謀叛《むほん》し、関羽軍に帰順していた。関羽はこの孫狼を登用して陸渾県令に任命し、遊撃戦を展開させたところ、魏の許都以南の各地の人民がこれに呼応。いっせいに曹操に反旗を翻したため、関羽の勇名は中原に鳴り響いた。

支援部隊は潰滅し、後方はかく乱されてしまって、樊城は落城寸前となった。さすがの豪勇・曹操も、このときばかりは、帝《みかど》を許都から鄴《ぎょう》に移そうとしたほどである。

この切羽つまった遷都《せんと》の思いをとどめたのが、丞相府主簿《しゅぼ》（文書管理責任者）であった、側近の司馬仲達《しばちゅうたつ》（懿《い》）であった。

仲達は、破竹の勢いで版図《はんと》を拡大する劉備らに、いくら同盟国とはいえ、呉も内心は心よく思っていないはず、と判断した。そこで仲達は、曹操に進言し、呉の孫権に使者をおくらせると、

「長江以南を封地として、呉に与える。ついては、その代償に関羽軍の背後を衝《つ》かれよ」

と申し入れ、呉はこれを受諾した。〝囲魏救趙の計〟である。

呉は関羽の警戒心を解くため、前線の呉将・呂蒙《りょもう》を病気と偽って更迭《こうてつ》、孫権の本拠地・建業《けんぎょう》（現・江蘇省南京市）へ引き上げさせ、後任にまったく無名であった陸遜《りくそん》を指名した。このとき、陸遜は三七歳である。陸遜についてはすでに触れた。関羽はこの陸遜を軽視し、留守部隊の大半を樊城攻撃に振り向ける。

関羽の不運だったのは、魏・呉同盟の密約をまったく察知せぬまま、新規に増援された

魏の徐晃《じょこう》率いる軍勢と対峙していたことであろう。それでなくとも曹操は、なろうことなら呉軍と関羽を戦わせ、魏は無傷で漁夫の利を得ようとしていたのである。

曹操は呉と手を結んでいながら、一方では、孫権が呂蒙を大将とする奇襲部隊を、江陵・公安へ密かに派遣したとの書簡を、矢文にして関羽の陣へ射込ませた。

だが、謀略外交に馴染まない関羽は、書簡の真意を計りかねて、かえって疑心暗鬼となり動けなくなってしまう。この間隙《かんげき》を縫《ぬ》って、呂蒙の奇襲部隊は江陵を襲撃した。

留守を預かっていた糜芳と傅士仁は、関羽に後方守備の不十分さを厳しく叱責されたばかりか、

「帰ったら、始末してやる」

といわれて完全に戦意喪失。呂蒙とは一戦も交《まじ》えることなく降伏してしまった。

こうして江陵と公安を占拠した呂蒙は、次には、降伏した将士や住民を厚遇し、その様子が前線の関羽軍に伝わるよう工作する。当然、魏軍と対峙する関羽軍は、本拠地が陥落したことを知り、また、呂蒙の工作もあって、完全に厭戦《えんせん》気分にとらわれた。

孤立の危機に陥った関羽は、急きょ、樊城の包囲を解くと、撤退を開始するがときすでに遅し。帰るべき本拠地が陥落したばかりか、当陽東南の麦城《ばくじょう》まで引き上げたものの、

周辺は呉の大軍に固められていた。援軍を求めようにも、方策すら立たない。

　孫権は、関羽に投降するよう勧告したが、プライドの高い関羽が応じるはずがない。関羽は養子の関平《かんぺい》はじめ数十騎の部下と、包囲網の突破をはかるが、麦城近郊の漳《しょう》郷《きょう》で捕らえられ、ついに斬首されてしまった。

　建安二四年（二一九）一二月のことであった。伝えられる関羽は、五〇代半ばであったかと思われる。関羽は、司馬仲達にしてやられたというべきか。

　妙な誤解から、窮地に陥ったとする。どうするか。第三者に救けを借りればいい。その人が、信望のある人であったなら、誤解は氷解されるに違いない。

【第32計】勝つ条件

指《し》桑《そう》罵《ば》槐《かい》の計

☯……桑《くわ》を指《ゆびさ》して槐《えんじゅ》を罵《ののし》る
［兵法三十六計］

敗れる理由　相手を直接叱ると、反撃を食らうことがある

◎劉禅《りゅうぜん》を暗に叱るために用いた孔明の妙計

自分には服従しないが、有能な部下がいたとしよう。

こうした部下を率いて戦いに臨むと、命令に従わぬばかりか、全軍を危うくしかねない。だが、注意して聞くような玉ではない。

そうかといって、金品や賞与を与えて手なずけても、かえって増長させることになり、また逆に、猜疑心を起こさせることにもなりかねない。そこで、こうした部下が失策をしたときは、直接指弾するのではなく、周囲の者を叱って、間接的に反省を促すというのが、〝指《し》桑《そう》罵《ば》槐《かい》の計〟のポイントとなっている。身分や地位の上位者にも、使用法は同じ。

桑と槐《えんじゅ》は別の樹木である。槐を罵《ののし》るのなら槐を指さすべきだが、それをせずに別の桑を指すというわけだ。

『三国志演義』に、北伐の途次《とじ》、連戦連勝をして長安にあと一歩と迫った諸葛孔明が、急きょ、成都へ召還されるくだりがある。

これは兵糧輸送の任にあった都督の苟安《こうあん》が、酒に酔った挙句に到着期日を一〇日も遅れ、孔明に叱責されて罰棒を八〇与えられたのに端を発していた。己れの誤ちを反省することなく孔明を恨んだ苟安は、ひそかに敵将・司馬仲達のもとへ走った。

仲達は苟安にいった。

「進撃をつづける孔明を、成都へ召し還えさせることができれば、そなたの手柄として魏の上将にしてやろう」

苟安は成都へ馳せ戻ると、宦官《かんがん》たちに孔明が大功を鼻にかけ、早晩、必ずや蜀漢帝国を奪うであろう、とデマを広めてまわった。宦官たちは驚き、仰天して、参内するやそのデマを劉禅（劉備の後継者）に奏上した。

劉禅は直《ただ》ちに詔《みことのり》を発して、孔明を都へ召還する。

孔明は勅使を迎えて、「佞臣《ねいしん》」の仕業《しわざ》と見破ったものの、疑念をもたれたままで進軍をつづければ、ますます疑いを深くされるであろうと思い、致し方なく、勝ち戦を捨てて成都へ帰還したのであった。

劉禅に拝謁《はいえつ》した孔明は、劉禅を叱ってはいない。

いかに愚鈍とはいえ、主君である。そこで、

「臣（孔明）が二心を抱いているかのごとき言を、陛下のお耳に入れた者があるのでございましょう」

と水を向け、劉禅の口から、

「宦官どもの申す言葉を信じ、呼び戻してしまった。申し訳ない」

といわしめたのである。

孔明はそのあと、宦官たちを集めると徹底的に糾問。流言の出所が苟安であることをつきとめる。が、苟安はすでに魏に逃亡していた。

孔明は劉禅にみだりに奏上した宦官を誅殺し、付和雷同した者を朝廷から追放、さらに後事を託していた蔣琬《しょうえん》と費禕《ひい》を厳しく叱責した。二人は大いに恐れ入ったが、これなどは〝指桑罵槐の計〟の典型といっていいであろう。

実のところは、劉禅を叱責したかったのであるが、周囲の者の手前、正面切って主君の劉禅（槐）をなじるわけにもいかない。そこで宦官たちや蔣琬、費禕ら〝桑〟を糾弾したというわけだ。

◎孔明の『出師《すいし》の表《ひょう》』に秘められたもう一つの意味

蜀の建興《けんこう》五年（二二七）三月、孔明が主君の劉禅に奉じた『出師の表』にも、〝指桑罵槐の計〟がいかんなく発揮されていた。

広く知られている孔明の〝天下三分の計〟は、荊州と益州の二方面から関中を衝《つ》き、魏を打倒するという基本戦略によって成り立っていたが、関羽が討たれ、劉備が「夷陵《いりょう》の戦い」で大敗し、荊州が完全に失陥《しっかん》したことにより、この戦略は事実上、絵に描いた餅と同様になってしまう。

はやくから文明が開け、人材にも恵まれて、農業、商業が発達し、諸産業の発展の著しい華北（中原《ちゅうげん》）を押さえた魏の力量は、あまりにも他とはかけ離れていた。この魏に比較すれば、呉にせよ蜀にしても、領土は漢代以降に開発された地域——後漢の陳蕃《ちんはん》の言によれば、「江南ハ卑《ヒ》薄《ハク》之域ナリ」となる。

まだまだ、原住民（少数民族）に対する漢人の比率は低かった。

領土で一二倍、国力でほぼ七倍強、魏は蜀に優越していた。

それでいて蜀は打倒魏を国是《こくぜ》とし、先帝・劉備の死後、その代行者である孔明は、忠実に、ほとんど不可能に近い難問に挑んだ。国是とはいうものの、国力（人材、経済、地勢、人口など）に大きな差があるにもかかわらず、孔明がなぜ北伐を敢行したかについては、別項でふれた。

しかし、剣阻《けんそ》な山並みに囲まれた益州の地理からみても、人民を十分に休養させ、国力を高めることに専念すべきではないか、といった反論は、当然、そのころの蜀の人たちの中にもあったはずである。

そうした北伐に対する疑念や反対に応えるものとして書かれたのが、実は『出師《すいし》の表《ひよう》』であった。この名文は、まず、劉備の思い出から説き起こす。

「先帝（劉備）の創業、未《いま》だ半《なかば》ならざるに中道に崩殂《ほうそ》し給えり。今、天下三分し、益州疲《ひ》弊《へい》せり。これ誠に危急存亡の秋《とき》なり。然《しか》れども侍衛《じえい》の臣、内に懈《おこた》らず、忠志の士、身を外に忘るるは、蓋《けだ》し先帝の殊遇《しゆぐう》を追いて、これを陛下（劉禅）に報いんと欲すればなり。誠によろしく聖徳を開帳し、以って先帝の遺徳を光《かがや》かし、志士の気を恢弘《かいこう》すべし。宜《よろ》しく妄《みだ》りに自ら菲薄《ひはく》し、喩《たと》えを引き義を失いて、以って忠諫《ちゆうかん》の路《みち》を塞《ふさ》ぐべからず」

内容は主君・劉禅に宛《あ》て、益州の国力が衰えながらも、どうにか維持できているのは、内にあっては文官が、外においては武官が死を賭して働いているからだが、これは先帝にこうむったご恩を、皆が陛下に返そうとしているからである。

それゆえに、陛下も臣下の進言にはよく耳を傾け、先帝のご遺徳を輝かせて、心ある臣下を励ますべきであり、軽薄な言動をもって忠臣の諫言を妨げてはならない、と孔明は述べている。

ときに劉禅は二〇歳。この若き後継者は、父・劉備のごとく戦乱の中をかいくぐった経験に乏しく、ものごころのついたときには、多くの臣下の頂点にあった。それだけに、世事や人心の機微に疎《うと》い。孔明はそれらのことを、噛《か》んで含めるように説いた。

したがって、『出師の表』は劉禅への、訓戒の書という一面ももっていたのである。

「先帝、臣の謹慎なるを知る。故《ゆえ》に崩《ほう》ずるに臨《のぞ》みて臣に寄するに大事を以《もっ》てす」

というくだりがある。

先帝は私が慎《つつし》み深いのをよく知っておられて、崩御の際、私に天下平定の大事を成し遂げるよう託されたのだ、と孔明はいっているのだが、孔明はこの遺命に違わぬよう、日夜心を砕き、ようやくその時機を迎えたという。

「臣、恩を受けて感激に勝《た》えず、今当《まさ》に遠く離れるに当り、表に臨みて涕零《ていれい》し、言う所を知らず」

上奏文を前に涙した孔明は、同時に、北伐が先帝の遺命であることを改めて強調し、その正統性を訴えるとともに、反対意見を封殺し蜀全体に緊張を強《し》いた。そのため、この北伐には誰も「時期尚早」と異議を唱える者はいなかったのである。

つまり、『出師の表』は単に先帝の霊前に捧げただけのものではなく、その形をとって劉禅を暗に戒め、合わせて、蜀漢帝国を構成するすべての人々へ、その決意のほどを表明し、その正統性を訴えたものであったといえる。

この演出効果は絶大であった。五次にわたる孔明の北伐に、国力、経済力を傾け、多くの犠牲をともないながらも、蜀では、ついに最後まで騒乱や謀叛が起こることはなかった。

この種の計略は、日常生活の上でもよく見うけられる。

母親は、本当は父親を責めたいのに、子供にきつく当たったり、企業においても、部長は課長を問責したいのだが、それができずに、課員を叱りとばすといった類である。

以前、成功している組織について調査したところ、風通しのよい企業には、必ず叱られ役のいる事実が認められる。全員を叱るのではなく唯《ただ》一人にお小言《こごと》が集中している。

もっとも、その叱られ役も陰では、きちんと名誉は保たれているのだが、叱り易い人物、叱られ上手という人は、どこの企業、組織の中にもいるものだ。こうした人をうまく利用して（本人にも協力を依頼して）、全体を統率するのも一計であろう。

その日《ひ》から丞相府《じょうしょうふ》の門《もん》は閉《と》じられ孔明《こうめい》は居間《いま》にとじこもった
「臣亮《しんりょう》もうす」に始《はじ》まる有名《ゆうめい》な前出師《ぜんすいし》の表《ひょう》を一句《く》一章《しょう》心血《しんけつ》をそそいで書《か》きはじめたのである
それは国《くに》に対《たい》する忠誠《ちゅうせい》と国家《こっか》百年《ねん》の計《けい》をのべんとするものであった

【第33計】勝つ条件

空城《くうじょう》の計

……城を空《から》に見せて敵を欺《あざむ》く［兵法三十六計］

敗れる理由 無策でなすすべがないと必ず失敗する

◎仲達をアッと言わせた孔明の奇計

味方兵力が極端に僅少の場合、一時的に大軍の敵の動きを止めるにはどうすればいいか。一か八か、ことさらこちらの無防備を敵に見せかけ、敵に疑心暗鬼を生じさせる一手がある。

兵力劣勢のときなどにこの策略を用いれば、敵は用兵に躊躇して、かえって勝機を逸することになるというもの——この具体例として有名なのが、『三国志演義』に描かれた、孔明の〝空城《くうじょう》の計〟であった。

第一次北伐で蜀軍は、計算外の馬謖《ばしょく》の大敗によって、大混乱となった。

孔明はすぐさま全軍を掌握すると、迅速な撤退を命じるとともに、自らは西城《さいじょう》県の城門を開扉《かいひ》するよう命じ、道路を清掃させて、櫓《やぐら》の上に登ると香を焚《た》き、琴をかなでた。

その間にも、伝令の早馬はひきもきらず、魏軍の兵一五万（主将は司馬仲達《しばちゅうたつ》）が西城へ迫っている旨を知らせてくる。孔明の振る舞いに、周りの参謀たちは全員、顔色を変えた。

なにしろ、城内にはわずかに二千五百の守備兵がいるだけである。逃げきれるかどうかも覚束《おぼつか》ない。気が気でなかったが、勝手に各自が行動してはならぬ、大声を出してはいけないと、孔明に厳命されるとそれに従わざるを得なかった。

やがて、仲達らの大軍が押し寄せてきた。兵はいまだ城外である。仲達は思わず首を傾《かし》げた。ややあって、

「引け、引け！」

と全軍に撤退を命じた。そばにひかえてい

た次男の司馬昭《しょう》（字は子尚《ししょう》）が、

「父上、孔明は備えがないので、わざとあのように振る舞っているのです。敵の奇計に相違ありません。むざむざ兵を引くのは、いかがなものでしょうか」

と進言したが、仲達は聞こうとしない。

「いや、孔明は元来、慎重な人物だ。これまでも一度として、危険をおかしたことはない。いま、あのように四門を開き、あの体《てい》たらくは、我を怒らせ、我を誘い入れんとする企て。伏兵がいる証拠じゃ。測《はか》り難《がた》し、ここは一刻も早く引くべきじゃ」

かくて仲達の大軍は潮が引くごとく、後退していった。

あっけにとられた城内の蜀兵が、この意外な成りゆきの理由を尋ねたところ、孔明は、

「さしもの仲達も、まんまと己れの智に敗れたのだ。仲達はわたしが単に用心深く、危険をおかさぬ男と思い込んでいるから、あまりにもわざとらしい〝空城の計〟に伏兵を疑い、それで兵を引いたのだ。わたしとて、好んで危険をおかしたわけではない。万《よろず》やむを得ぬ策であった」

当時の状況から判断すれば、実際にはあり得ない話で、フィクションにすぎない。しかし、この話には、〝空城の計〟の性格とそれを成功させる三つの条件が示唆されている。

◎〝空城の計〟に絶対必要な三つの条件

三つの条件をみる前に、余談ながら『三国志』には、〝空城の計〟を用いたかと思える武将が、孔明以外にも二人いたことについて言及しておきたい。

ひとりは魏の文聘《ぶんぺい》である。もと荊州の将で、蔡瑁《さいぼう》派の武人であった。曹操が荊州に入ったとき、文聘は出頭せず、再度の呼び出しに応じたところ、曹操にその胸中を問われ、

「国を保持し得なかった腑甲斐《ふがい》なさを恥じ、出頭しませんでした」

と申し述べ、その忠誠心に感じ入った曹操に、魏の将として重く用いられた。

この文聘は赤壁の戦いにも出撃し、曹操の死後、曹丕《そうひ》にも親任されている。

――魏の黄初《こうしょ》五年（二二四）秋八月のことであった。蜀と呉の同盟を知った曹丕は、呉を討つべく曹真《そうしん》・張遼《ちょうりょう》・張郃《ちょうこう》・徐晃《じょこう》らとともに、文聘にも出陣を命じた。

だが、戦いは呉に先手をとられ、呉の孫権《そんけん》は数万の軍勢を率いて、文聘の守る城砦《じょうさい》に押し寄せる。

ときに運わるく城壁は、それまでの豪雨に洗われて崩れたまま、いまだ修復もされていない。これでは殺到する呉軍をとうてい防ぎ切れまい、とみた文聘は一計を案じた。

城兵たちに、姿を隠して音をたてぬように命じ、無人の城であるかのごとく見せかける。

城外に到着した孫権は、静寂そのものの城内の様子に、なにかの計略があるに違いないと疑い、攻撃を中止して全軍を引き揚げたという。

もうひとりは意外にも、孔明のお気に入りであった部将・趙雲《ちょううん》――。

あるときの戦いで、趙雲の軍勢は曹操軍に包囲され、部将の張著《ちょうちょ》は負傷、同僚の黄忠《こうちゅう》との連絡もとれずに、残留する兵はわずかに数十騎を数えるだけとなったことがあったという。趙雲はやむなく、陣営に逃げ込むと砦の門扉《もんぴ》を開け放して、鳴りをひそめた。

曹操はなまじ兵法に長《た》けていただけに、これを伏兵の計策ありと見てとったのである。

退却する曹操軍に、寡兵をさとられぬよう、太鼓を激しく打ち鳴らしながら、趙雲軍は逆襲に転じた。

〝空城の計〟には、用いるにあたって、三つの条件があった。

まず、窮地に追い込まれ、一か八かの大勝負に出る以外に、全滅の恐れがある状況下で計策されていること。

次には、用いるべき人物は、普段、どちらかといえば慎重な、ディフェンスを固めたオーソドックスな攻め方を得意とし、相手方もそれを知っていることが望ましい。

さらに、仕掛けるべき相手方が相当の兵法レベルになければ、成功は覚束《おぼつか》ないであろう。

【第34計】勝つ条件

敗《はい》面《めん》喎《か》口《こう》の計

……面《おも》を敗《しか》めて口を喎《ゆが》める

［兵法三十六計］

敗れる理由　こちらの告げ口をされると、立場が危うくなる

◎うるさい叔父《おじ》の口を封じた曹操の奇策

〝敗《はい》面《めん》喎《か》口《こう》の計〟とは、一言でいうなら、人の信用を失墜させるための謀略である。

曹操が若いころ、その放蕩無頼ぶりは相当なものであったようだ。『世説新語《せせつしんご》』には別項でみたごとく、結婚式荒しの話が出ているが、殺人を含めて危いことばかりやっていた。

あるとき、叔父がその振る舞いをみかね、曹操の父・曹嵩《そうすう》に注意をしたことがあった。

どちらかといえば、曹操を溺愛していた曹嵩は息子の悪業を聞かされて驚き、すぐさま、曹操を呼ぶとこっぴどく叱りつけた。

叔父に反感を抱いた曹操はその後、偶然、通行中の叔父に出会ったとき、故意に顔をしかめ（敗面）、口をひん曲げて（喎口）、まるでヒョットコ面のような顔をして見せた。

驚いた叔父が、どうしたのかと問うと、

「なぜだか急にこのような顔になってしまいました。きっと、悪い風邪にでもかかったのでしょう」

と曹操。心配した叔父は、曹嵩にそのことを話した。が、そのあとで曹嵩は曹操の顔をみたが、普段となんら変わるところがない。息子の顔に首を傾《かし》げた曹嵩は、

「はて、叔父の話では、お前の顔が曲っているということだったが、もう治ったのか」

曹操は、ここぞとばかりにいった。

「いいえ別に……、叔父上はなぜ、そのようなことをいわれたのでしょうか。私が気に入らないのでしょう。あることないこと、なにかにつけては、私のことを父上に告げ口しているようですから……」

それでなくても、わが子に甘い曹嵩である。まんまと曹操の術中にはまってしまった。

それからというもの、曹嵩は叔父（実弟）の言葉にとり合わなくなったという。

これなどは、多分、創作されたものであろうが、人間関係に先入観は禁物であることを教えている。また、一歩踏み込んでいえば、〝敗面喎口の計〟を巧みに使いこなせば、ひとの信用を失墜させることもできる、といった意味で興味深い。

曹操が軍勢を率いて行軍中、兵糧が欠乏したことがあった。やむを得ないので、米升《こめます》を

小さくするよう命じたところ、それを不満として将兵が騒ぎ出した。やがて、その矛先《ほこさき》が曹操に向けられそうになった。

曹操は兵糧担当者を斬殺すると、米升を小さくしたのは担当者個人の才覚であったと表札を立てた。そして直ちに、米升を元どおりのものに戻したのである。

ビジネスの世界でも、ときおりこの謀略は用いられている。AとBの両方に対して信用のあるCが、AにはBのマイナスを、BにはAのマイナスを吹き込み、AB双方を争わせて、漁夫の利を得るというもの。

もっとも、この謀略は多用はできない。一度見破られれば、使用したものは半永久的に信用を回復することはできないからだ。

【第35計】勝つ条件

樹《じゅ》上《じょう》開《かい》花《か》の計

☯……樹上に花を開《さか》す
［兵法三十六計］

敗れる理由 カモフラージュに翻弄されると、身がもたない

◎孔明が策した電撃的な陽動作戦

『兵法三十六計』では、この樹上開花《じゅじょうかいか》の「樹」は花の咲かない木を前提としている。花の咲かない樹木に、花を開かせるとはどういうことなのか、いわゆるカモフラージュである。精巧な造花は遠目には本物とかわらない。うっかりすれば、騙されてしまう。全体を、見事な花樹と錯覚させることができればしめたものである。

つまり、擬兵の計略と思えばよい。

孔明はこれを、第一次北伐のおりに使用した。「隴右《ろうゆう》」の占拠を作戦の要《かなめ》としていた孔明は、益州を奪っても、それだけでは西南の一隅に逼塞《ひっそく》するだけで、いずれは魏の圧倒的な国力によって滅亡に追いやられる、との危機意識を強く持っていた。

そのため、版図《はんと》を隴右に拡大することによって、閉塞《へいそく》した〝出口〟を広げようとしたわ

けだ。

第一次北伐に先立って、孔明は趙雲と揚武《ようぶ》将軍・鄧芝《とうし》に別働隊を与え、箕谷《きこく》（褒谷《ほうこく》の入口付近）に派遣した。

漢中と関中を南北に結ぶ山越えの道＝褒斜道《ほうやどう》から、流域沿いの郿《び》県への出撃態勢をとらせ、そのうえで、蜀が全軍をもって郿県占領を狙っている、との偽りの情報を魏側へ流したのであった。即《すなわ》ち、陽動作戦である。

孔明は主力軍を率いて、根拠地の陽平関《ようへいかん》を進発すると、嘉陵江《かりようこう》支流・犀牛江《さいぎゆうこう》を遡《さかのぼ》って、祁山《きざん》へ出撃した。

祁山がどこであったのか、現在では諸説あるが、甘粛省《かんしゆく》隴南《ろうなん》市西南の礼県《れいけん》にある祁山《きざん》堡《ほ》と称する村落とする説が有力だ。

孔明は長安の西方に勢力を伸ばし、ときおり魏の命に背く羌族《きようぞく》との連絡もとっていた形跡がある。孔明の周到にしてかつ、電撃的な作戦はものの見事に緒戦を勝利に導いた。

魏の南安・天水・広魏の三都の太守は、不意を衝かれて、関中との連絡を遮断されて逃亡し、人民は挙《こぞ》って蜀軍に降った。

なにぶん、劉備敗死後わずかな期間でしかなく、その間、蜀は一度として軍勢を北に向けていない。したがって、まったくの無防備であった。そこへ〝噂〟の孔明が、自ら大軍を擁して押し出したのだ。まさしく、パニック状態であったろう。

ひとり隴西《ろうせい》郡の太守・張楚は、城門を固く閉ざして降らず、あくまで徹底抗戦の姿勢を示した。が、祁山占領＝隴右占拠は、ほぼ達成されたといってよい。

孔明はさらに、先鋒軍を天水（現・甘粛省天水市）から街亭《がいてい》（現・同省定西《ていせい》市）へ進撃させた。街亭は隴石と関中の中間に位置する要衝《ようしょう》である。ここを占拠すれば、隴石奪回のため関中から急行してくるであろう魏軍を、迎え撃つのは容易であった。

周囲は要害で、どんな大軍といえども、展開できる兵力は限られていたからだ。兵力において劣勢著しい蜀とすれば、小よく大を制する理想的な戦いができるはずであった。

街亭において魏軍を撃破し、頃合いをみて別働隊を進出させれば、孔明の二方向同時進攻のマスタープランを、原則的には踏襲することになったはずである。

当然のこととして、呉との連携は密になされていたであろうから、馬謖が失策をしなければ、蜀は魏の領土内へ大幅に侵入できたに違いない。

〝樹上開花の計〟――カモフラージュ、陽動作戦は、ビジネスの戦略上も、有効な計略といえるだろう。あとは使用者の工夫のみ。

おぬし達《たち》はそれぞれ一軍《ぐん》を率《ひき》いて箕谷《きこく》に出よ 疑兵《ぎへい》の作戦《さくせん》じゃ 魏軍《ぎぐん》に出《で》あえば あるいは戦《たたか》い あるいは退《しりぞ》いて敵兵《てきへい》を驚《おどろ》かせよ
わしは自《みずか》ら大軍《たいぐん》を率《ひき》いて斜谷《やこく》より一路郿城《びじょう》を襲《おそ》う
はっ
敵《てき》をうまくひきつけて参《まい》ります

■第一次北伐

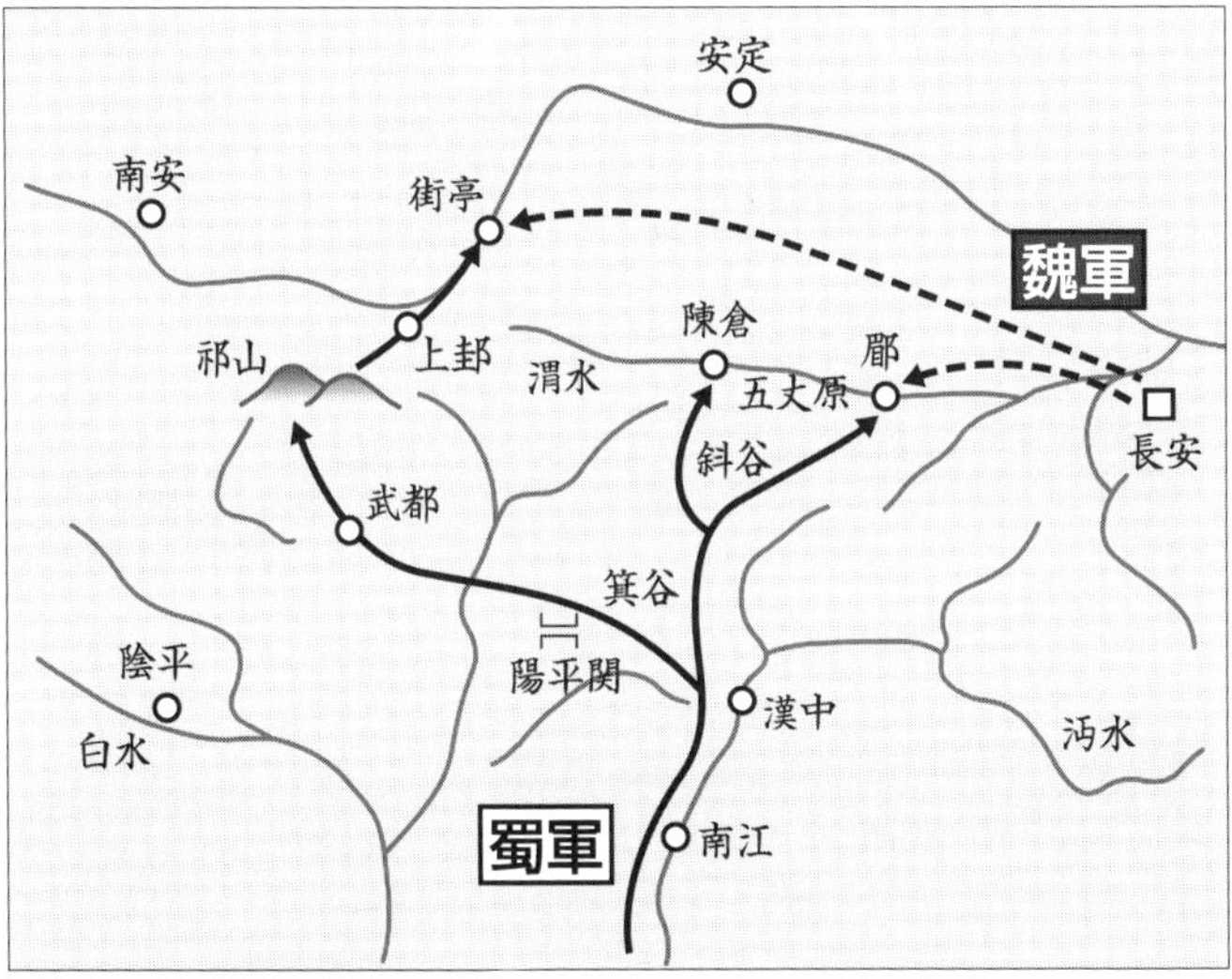
安定
南安
街亭
魏軍
陳倉
郿
祁山
上邽
渭水
五丈原
長安
斜谷
武都
箕谷
陽平関
陰平
漢中
白水
沔水
蜀軍
南江

【第36計】勝つ条件

十《じゅう》面《めん》埋《まい》伏《ふく》の計

……十面に伏兵を埋《う》める

敗れる理由

相手にこちらの非力を悟られると、つけ込まれる

◎無勢よく多勢にみせる奇計

〝十面埋伏の計《じゅうめんまいふく》〟は曹操の参謀・程昱《ていいく》がたてた計略として、『三国志演義』に登場する。

程昱は字《あざな》を仲徳《ちゅうとく》。東《とう》郡東阿《とうあ》の人で、山に籠って乱世を避け、学問に耽《ふけ》っていたところを荀彧《じゅんいく》に認められ、その推挙によって曹操に仕えた。

まだ地方の一勢力でしかなかった曹操を援《たす》け、曹操の父・曹嵩《そうすう》が殺されたおりは、激怒した曹操の徐州出兵に際して、荀彧とともに程昱は、三万の兵をもって鄄城《けんじょう》、范県《はんけん》、東阿の三県を堅守した。

曹操の不在を知った陳留の太守・張邈《ちょうばく》は、呂布をそそのかして兗州《えん》・濮陽《ぼくよう》を占拠させたが、程昱と荀彧の守る県だけは、ついに落とすことができなかった。

その後、献帝を擁して後漢帝国の実権を掌握した曹操は、程昱を東平《とうへい》国の相に任じ、そ

の忠誠に報いている。程昱は、呂布に追われて逃げ込んできた劉備を、曹操に殺害するように進言した人物でもあった。

「今のうちに除いておかねば――」

といった程昱の先見性は、さすがといわねばなるまい。

さて、〝十面埋伏の計〟であるが、これは三国志前半のクライマックス、「官渡《かんと》の戦い」ののち、敗走した袁紹が再起の軍をあげたおり、程昱が仕掛けた策略であった。

公称七五万といわれた大軍を擁して、なお、大敗を喫した袁紹は、本拠地の冀《き》州へ引き揚げたものの、外戦の痛手は内政の患《うれ》いを誘発し、将士の離反や民衆の怨嗟に悩まされることとなった。

しかし、長子の袁譚《えんたん》（字は顕思《けんし》）は青州にあり、次男の袁煕《えんき》（字は顕奕《けんえき》）は幽州に、甥の高幹《こうかん》も并《へい》州に各々が健在であったから、袁紹はすぐさま捲土重来の軍勢――四州三〇万の兵を催《うなが》し、再び、倉亭《そうてい》（現・河北省）に進軍した。

一方、圧倒的勝利で勢いに乗る曹操は、迎撃に出たものの、前とはうってかわった袁紹軍の手強《てごわ》さに、連日、苦戦を強《し》いられる。

「どうしたものであろうか」

曹操の苦慮するのをみた程昱は、〝十面埋伏の計〟を献策した。

まずは、俄《にわか》に退却を開始し、黄河を背にする位置まで後退し布陣する。そのうえで軍勢を一〇隊に分け、各々は緊密に連絡をとりつつ兵を伏せ、袁紹軍の追撃を待つ。

が、袁紹とて一廉《ひとかど》の将である。偵察兵を出して、敵が背水の陣をしいたと知るや、深追いを避けて、遠巻きに三〇万の軍勢で陣を構えた。

ところが、この大軍に突如として、曹操軍の部将・許褚《きょちょ》が夜襲を敢行したのである。いうまでもなく、兵数は隔絶していた。袁紹軍は、飛んで火に入る夏の虫とばかりに、逃げる許褚の部隊を追い、ついに黄河の畔まできてしまう。

袁紹の本陣からは、深追いをいましめる伝令がひきもきらなかったが、このときすでに袁紹軍は、方二〇里にわたる野山に、長々と兵列を連ねていた。そうしたところへ、鬨《とき》の声を挙げて、曹操軍十万の伏兵が襲いかかった。

もっとも、当初の袁紹軍には余裕があったようだ。伸びきった隊列とはいえ、味方の軍勢は多く、寸断しようにも隊列は厚い。兵力の乏しい曹操軍に何ができよう、といったところであったろうか。が、袁紹軍は大切なことを忘れていた。この戦いが夜半であったことだ。

夜の闇は実体を隠して、虚をつくりあげる。十方に伏兵する曹操軍は、闇の中で大音声《だいおんじょう》を挙げ、さも大軍が来襲したかのように演出。袁紹軍に冷静な判断をさせぬ素早さで、三〇万の将兵を、各個混乱のうずの中におとし入れたのであった。

袁紹軍は疑心暗鬼となり、態勢を立て直すべき総大将の袁紹は、あろうことか、われ先に逃げ出してしまう。潰走《かいそう》の兵ほど、もろいものはない。散々に討死《うちじに》を強いられ、規律ある退却もできずに、雪崩《なだれ》を打って敗走した。三〇万の袁紹軍は、程昱の〝十面埋伏の計〟によって、僅か一万ばかりになったという。

この一戦で、袁紹は完全に覇権争奪の権利を失《な》くした。この計略は十方に兵を伏すこと自体に、さほどの意味はない。要は無勢よく多勢にみせ、実力以上の虚像を、いかに演出するかにあった。

ビジネスの世界に譬《たと》えれば、あなたが自身を演出し、実力をより以上にみせかけることだ。それが付け焼き刃でおわってはならぬものの、実力をつけるまでの時間稼ぎであればよいではないか。

〝十面埋伏の計〟は心理戦として、その用途をはかり知れぬほど広くもっている。

【第37計】勝つ条件

調《ちょう》虎《こ》離《り》山《ざん》の計

☯……虎を調《あしら》って山を離れさせる

［兵法三十六計］

敗れる理由 相手の得意なフィールドで勝負すると、勝機がなくなる

◎多勢を破った韓信の「背水の陣」

調虎離山《ちょうこりざん》とは、一般的には、敵を本拠地からおびき出す策略を指す。虎＝敵、山＝有利な場所と理解すればよい。

項羽《こうう》と劉邦《りゅうほう》が、天下の覇権を賭けて争っていたころ、劉邦を戴《いただ》く漢軍の元帥・韓信は、一万足らずの兵を率いて、二〇万余と豪語する趙軍を攻めたことがあった。しかも、敵は堅固な砦《とりで》に立て籠っており、まともに戦って勝利できる方策は、どこにもなかったといっていい。

そもそも〝調虎離山の計〟は、有利な条件（例えば、自然、立地）に恵まれたときは、それを利用して敵を苦しめたうえで、食いつきそうな餌《えさ》をまいて本拠地からおびき出すことである。真正面から攻撃して危険が予想されるときは、わざと隙を見せて相手に攻めさ

せ、それによって生じる相手の隙を衝くというのが、この策略のポイント――。

一計を案じた韓信は、まず二千の軽騎兵を選抜し、兵士各々に赤旗を持たせ、趙軍の砦を見下ろす山陰にひそませることにした。

「よいか、明日の戦いでは、わが漢軍は偽《いつわ》りの敗走をする。そうすれば敵はしめたものと思い、砦を空《から》にしてでも追撃してくるに相違ない。そこで、その方らは空になった敵の砦に入り、趙軍の白旗を漢軍の赤旗に立てかえるのだ」

と作戦を説明する。

韓信は作戦を授けたあと、残った主力軍の陣を移動し、趙軍の前面を流れる河を背に布陣した。

翌朝になって漢軍の移動に気づいた趙軍は、敵の総大将は兵法の定石《じょうせき》を知らぬ奴だと嘲笑したという。

なるほど、『孫子』以下の兵法書のどこを紐解《ひもと》いても、河川を背に布陣せよなどとは書かれていない。そのようなことをすれば、兵卒たちは逃げ場を失うので、萎縮し混乱をきたすだけではないか。

だが韓信は委細《いさい》かまわず、一隊を率いると河前の陣から砦に進攻した。趙軍は寡兵の漢軍を軽視している。小癪《こしゃく》な漢軍どもが、とばかり、砦からうって出ると応戦した。韓信はといえば、敵が城内を開いてうって出るや、旗印を捨てて、やにわに逃げ始める。

通常の戦いであれば、このあとの漢軍は趙軍の勢いに押され、崩れたままの大潰走《だいかいそう》を演じたであろう。

ところが、後退したものの、漢軍の行手は河であった。もとより韓信の軍勢は河を背にしていたのだから、逃げ場はない。兵たちは逃げることができないと観念し、全員が必死になって戦った。これにはさすがに優勢な趙軍も、ついにはもてあましてしまったようだ。そうしているうちに、山陰にひそんでいた漢軍の別働隊が、敵の砦に潜入しこれを占拠した。

次には、砦に翻《ひるがえ》った赤旗に気づいた趙軍に動揺がおこった。そこを韓信の軍勢が前後から挾撃《きょうげき》して、趙軍を散々に撃ち破ったのであった。

韓信の有名な「背水の陣」は、必死の力を奮い立たせたところばかりが強調されているが、本当は味方兵士の死力をひき出し、〝調虎離山の計〟で相手を砦からおびき出すところに主眼がおかれていたのである。

◎仲達が孔明に策した周到な計略

魏の青龍《せいりゅう》二年（二三四）春二月、孔明は第五次（実質的には第四次）北伐の軍を起こした。漢中府より斜谷《やこく》を抜けて、一路、長安を目指そうという作戦である。

秦嶺《しんれい》の溪谷を難なく越えた一〇万余の蜀軍は、長安平野に達するや武功水《ぶこうすい》に沿って下り、渭水《いすい》南岸（現・陝西《せんせい》省宝鶏市郿《び》県）に堡塁《ほるい》を構築した。ここから渭水に沿って東進すれば、長安までわずかに二〇〇数里の行程である。

憂慮した魏の明帝（曹叡《そうえい》、字は元仲《げんちゅう》）は、さっそく、秦朗《しんろう》に二万の兵を与え、長安にあった司馬仲達の援軍として差し向けた。

仲達を囲んでの軍議の席上、大半の魏将たちは渭水の北岸において蜀軍を迎撃すべく進言。だが、仲達は衆議を一蹴して、渭水を渡河し、蜀軍より東方に寄って、蜀軍と同じ岸に陣を布《し》いた。

まさに、背水の陣である。

仲達が渭水の南岸に渡り布陣したのは、この地こそ糧食をめぐっての争奪戦の場になると判断したからに他ならなかった。

孔明はこの場合、魏軍が陣を構築する以前に、躊躇することなく一気に渭水の南原を進

■第五次北伐

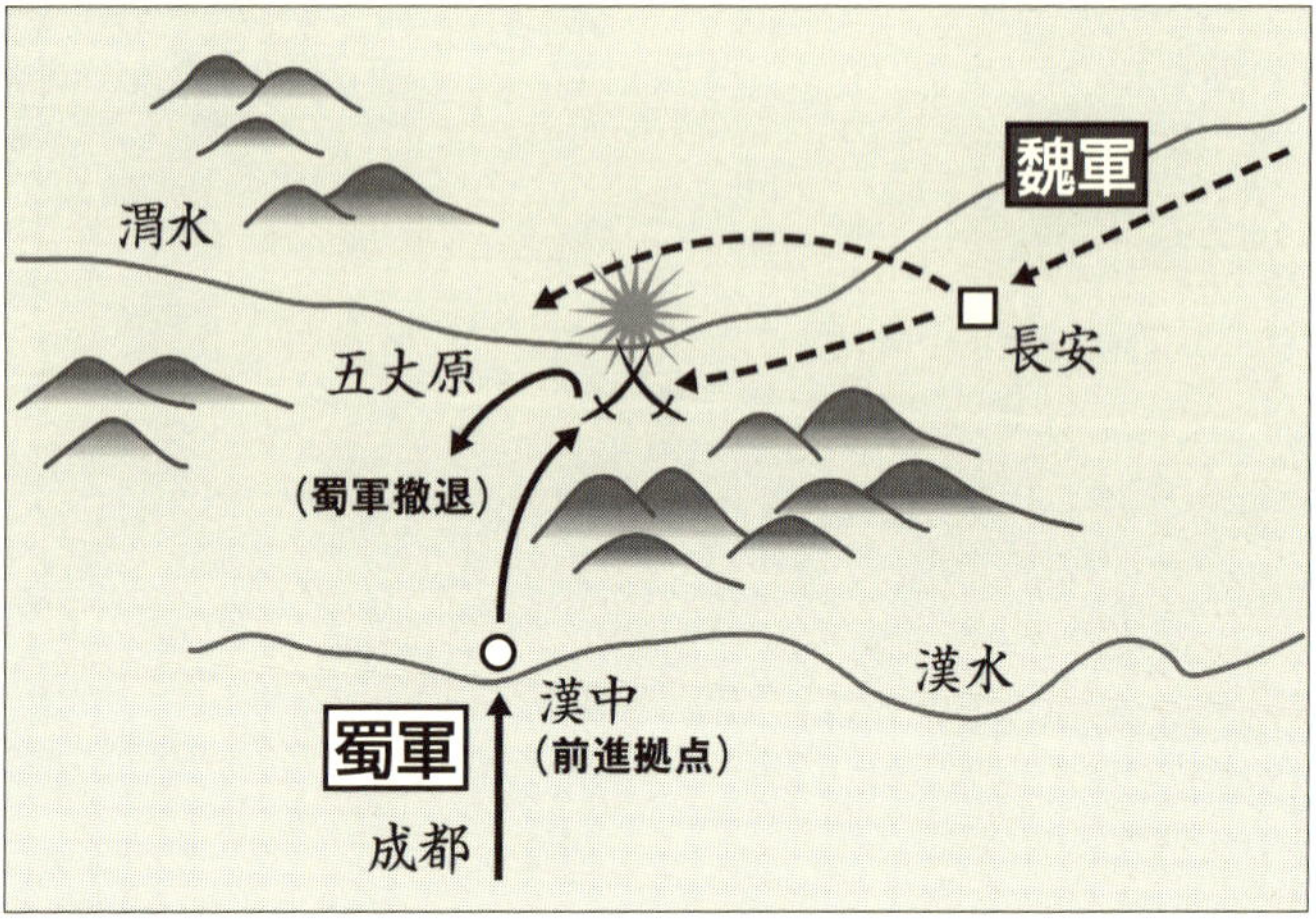

み、敵陣営に殺到して魏兵を渭水に追い落とすべきであったろう。

ところが孔明は、〝背水の陣〟がもつ恐るべきエネルギー＝兵士が死力を尽くして戦う力を知っていた。そのため、東進せずに西へすすんで、五丈原《ごじょうげん》にのぼってしまったのだ。

いちはやく有利な地を占め、相手を不利な地形へ誘い込む仲達の采配はみごとであったといえる。

ビジネスの場においても、先手をとり、巧みに相手を得意とする領域からはずしていくやり方は、十分に応用が利《き》くはずである。

そして、さらに己れの得意とする領域に誘い込めれば必勝は固い。

第五章

相手の虚をつく『秘計《ひけい》』で勝つ極意

曹操

【第38計】 勝つ条件

錦《きん》嚢《のう》の計

……錦の嚢《ふくろ》を託《たく》す

敗れる理由 人は自分ができることは相手もできるものと錯覚しがちである

◎死してのち魏延を討った孔明の秘策

〝錦嚢《きんのう》の計〟とは、『三国志演義』に出てくる孔明の遺計——。

五丈原《ごじょうげん》の陣で死を悟った孔明は、後事を各々の将に託し、姜維《きょうい》に兵法のすべてを伝えたのち、楊儀《ようぎ》を呼びにいかせた。

楊儀は蜀の将軍として、とくに劉備の死後、帝位を継いだ劉禅の代に活躍した人物である。第一次北伐のおりには孔明の傍らにあり、漢中から孔明が『後出師《こうすいし》の表《ひょう》』を奉《たてまつ》ったときには、その使者もつとめた。

楊儀が急いで枕元に駆けつけると、孔明は、

「魏延《ぎえん》は後に必ず謀叛するであろう。あの猛勇は珍重すべきだが、あの性格は困ったものだ。始末せねば国に害をなすに違いない。われ亡き後に魏延が背《そむ》いたならば、そのときは

これを開いてみよ。策が得られるであろう」

そういって、一書を秘めた錦の嚢《ふくろ》を楊儀に託した。合わせて楊儀は、丞相の代理として、蜀の軍権を預かることとなった。

果たせるかな孔明が没すると、魏延は楊儀に服さず、馬岱《ばたい》に同調を強《し》いるや桟道《さんどう》を焼き払い、楊儀が謀叛したとの偽りの上奏文を成都におくって、自らは楊儀らの行く手に立ちはだかった。

そのため一方の楊儀も、急きょ、間道づたいに使者を成都へ遣《つか》わし、魏延の謀叛を告げる。

そして南谷《なんこく》では、蜀の先鋒・何平《かへい》が、

「魏延に従う将兵たちよ。逆賊に仕《つか》えずに故郷へ帰り恩賞を待つがよいぞ」

と呼びかけたので、魏延軍の兵はほとんどが逃亡してしまった。動じなかったのは、馬岱の率いる三百騎のみであったという。魏延は兵力の低下で弱気となり、一度は魏への投降をも考えるが、馬岱に漢中の南鄭城《なんていじょう》攻略をすすめられ、まっしぐらに南鄭城へ迫った。

このときである。楊儀は孔明から臨終のおりに与えられた、錦の嚢を開封した。なかには一書が納められてあり、封の表には、

「魏延、叛《はん》を現わし、その逆を伐つ日まではこれを開いて秘力を散ずるなかれ」

と認《したた》めてある。

楊儀は書を読んだ。そして、その教えるところに従って作戦を変更。閉じた城門を開け放ち、姜維とともに手兵二千をもって城外へ出た。魏延軍がやってくる。

魏延と対峙《たいじ》して楊儀はいった。

「魏延よ、丞相殿はお前が謀叛することを、生前から見通しておられたのだ。『俺を殺す者があるか』と三回叫んでみせれば、わたしは漢中をお前に明け渡してやるぞ」

魏延は笑って答えた。

「孔明が死んだいまとなっては、俺にかなう奴などおりはせぬ。三回どころか三万回でも叫んでやろう。『誰か俺を殺す者があるか』――」

すると魏延のすぐ後方から、これに応じる声が聞こえた。

「わたしが殺してやる！」

声と同時に振り返った魏延は、一刀のもとに真っ二つとなった。魏延を斬ったのは、かねてから今日あるを予想していた孔明が、指示を与えて魏延につけておいた馬岱であった。

三度叫ばせるのは、合図でもあったわけだ。

〝錦嚢の計〟は、死してのちに、自分ならできることでも、後継者にはできないことを、明確に区分していた点が重要である。

孔明なればこそ魏延はつかいこなせたものの、後継者たちには無理と判断した孔明は、蜀に大きな災いをもたらす前に、これを除くことを考えていた。

また、この遺計は、有能な部下も一つ間違えると、最も手強い敵となることを教えている。あるいは、合わない上司が会社を辞めても、あとに何を残しているか知れたものではない、ともいえる。

ビジネスに生きる者にとって、肝に銘じる必要がありそうだ。

【第39計】勝つ条件

面《めん》従《じゅう》腹《ふく》背《はい》の計

……面《おもて》は従い腹では背《そむ》く

敗れる理由 上位になればなるほど、人は他人の言うことを聞かなくなる

◎独裁者・曹操がもっとも恐れた計略

「世を治めて衆を御し、輔弼《ほひつ》を建立するに、誡《いまし》むるは面従にあり」(『魏書』武帝紀注)

大勢の人を統御して世を治める者にとって、輔佐役を重用するには、なによりもその人物の「面従《めんじゅう》」について警戒をしなければならないものだ、と曹操はいっている。

正確には建安一一年(二〇六)、曹操が下々の者の進言や諫言《かんげん》を求めるにあたって、布告した中の一節である。

「面従」とは字のごとく、相手の面前では従順であり、媚《こ》びる者をいい、古来、中国においては「面従後言《こうげん》」(表で従い、裏で陰口する)とか、「面従腹背《ふくはい》」といった熟語で使用されることが多かった。

曹操には、劉備における孔明のような、ひとり卓越している別格の軍師・参謀がいなか

った。それだけに堂々と、生命《いのち》懸《が》けで諫言をする者もいなかったのであろう。少なくとも曹操は、そう思い込んでいた。

「誰もなにもいわないのは、私の不徳のいたすところであろうか」

といいつつ、文武諸官に、毎月一日と日を決めて、ぜひ、苦言を呈してほしいと訴えた。曹操は独裁者の陥り易い独善を、極力回避するため努力をしていたわけである。

翌年（二〇七）、曹操は北伐＝幽州東部の烏丸《うかん》（桓《こう》）族征伐の軍を起こした。

幽州は現在の河北省北部、北京市、天津市から東北地方の遼寧《りようねい》省、さらに朝鮮半島の西北部までを含む広大な地域である。烏丸族は、モンゴル系の少数民族であったが、彼らのところへ、袁紹の二子・袁熙《えんき》と三子・袁尚《えんしよう》が逃れたため、これを討ち取るべく出陣したのだが、多くの家臣は挙《こぞ》って、その企てに反対した。

なにぶんにも遠方であり、天候、風土も懸念されるだけに、無謀な遠征であるというのだ。だが、曹操は持ち前の気性から、この遠征を断行し、結果としては二人の息の根をとめたものの、自然の猛威に遭遇し、生命からがら帰国せねばならなかった。曹操は遠征から帰ると、先に出陣に反対した者の名を調べさせた。人々は不安の眼差《まなざ》しでこれを見守った。が、曹操は出頭した反対意見の提出者たちに、恩賞を与えて次のようにのべた。

「危《あや》うきに乗ずること徼倖《きょうこう》を以《も》ってす。これを得るといえども、天の佐《たす》くるところなり。故《ゆえ》にもって常となすべからず」

危うきところを帰国できたのは、幸運にすぎなかった。これからは諸君の言葉に、もっと耳を傾けるであろうといったのだ。これと同様のことを、孔明も部下たちに求めている。

孔明は第一次北伐に失敗した直後、蜀が兵力で敵を上まわっていたにもかかわらず、撃ち破ることのできなかったのは、偏《ひとえ》に、最高司令官たる自分の責任であるといい、

「――そこで諸君に頼みたいのだが、国のために尽くしたいと思う者は、忌憚《きたん》なく私の欠点を指摘してほしい」

これは信賞必罰をもって治国に臨んでいた孔明が、実はその幾倍もの厳しさをもって、己れと対していたことを物語っている。

また、孔明は、組織は風通しがよくなければ、腐敗するものだともいっている。

「枝葉強大に、比居同勢し、各々朋党を結び、競いて険人《けんじん》をすすむ。これありて去らざるは、これを敗徴《はいちょう》という」

各々のセクションの勢力が強くなり、各々が徒党を組み相互にかばい合う、そして駄目な人間ばかりを保身のために推挙してくる。これでは組織は、自滅する以外にあるまい。

【第40計】勝つ条件

上屋抽梯《じょうおくちゅうてい》の計

☯……屋《おく》に上《あ》げて梯《はしご》を抽《はず》す

［兵法三十六計］

敗れる理由 何事も自分しか解決する者がいないと考える人は行き詰まる

◎劉備が劉琦《りゅうき》に授《さず》けた秘計

上屋抽梯《じょうおくちゅうてい》とは、日本ふうにいえば、「二階にあげて梯子《はしご》をはずす」ということだ。意識的に隙《すき》をつくって敵を誘い込み、後続部隊を遮断して包囲殲滅《せんめつ》する戦術としても用いられる。

ここでは、本当に梯子をはずし、二階にあげた三国志の挿話《エピソード》を紹介したい。

荊州《けいしゅう》の刺史《しし》・劉表《りゅうひょう》には二人の男子があった。長子を劉琦、次子を劉琮《りゅうそう》という。劉琦の母はすでにこの世になく、劉琮は異母弟であったが、この劉琮の母が、荊州の実力者・蔡瑁《さいぼう》の姉（あるいは妹）であったため、劉琦は後継の座を常におびやかされ、生命《いのち》の危険にもさらされていた。劉琦は余程、たまりかねたのであろう。あるとき、劉備に相談をもちかけた。

劉備は孔明に智恵を授けてもらうようにすすめ、その方策として、厄介事に巻き込まれるのを嫌う孔明に逃げられぬよう、二階に孔明をみちびき、梯子をはずして階下に降りられないようにするのがよい、と助言した。

加えて、もし孔明が助けてくれねば、ここで首をかき斬《き》って死ぬ、とまでいわしめたのであった。

これには孔明もあきれたのか、春秋時代の晋《しん》の重耳《ちょうじ》（文公）が国外に逃れて生命を全うし、後日に期した故事をひき、国境近くの江夏《こうか》の守備に就《つ》くのを名目に、しばらく襄陽《じょうよう》を離れることを助言した。

劉琦は孔明のアドバイスに従ったが、このとき劉琦が江夏にともなった一万の軍勢が、のちに劉備の窮地を救い、孔明の〝天下三分の計〟の端緒《たんしょ》をつくることになる。

この作戦をビジネスの世界にあてはめれば、さしづめ、上司を逃れられぬようにした上で、相談相手とする場合に応用できそうである。相手が仕方あるまい、と観念すればしめたもの。二人の間に生じた秘密は、上司との距離を縮めることにもなる。

先方にしても内心、これで恩を着せたと思っているかもしれないし、己れのアドバイスを聞いてくれたことだけで、感激しているかもしれない。

この上《うえ》にございます
うん？
なにもござらぬが
先生《せんせい》お許《ゆる》しくださいあなたをここへあげたのはきのう申《もう》しあげた自分《じぶん》の危機《きき》を救《すく》っていただきたいからです

【第41計】勝つ条件

二《に》桃《とう》の計

敗れる理由　二者択一を決するとき、「二つに一つ」と軽んじると痛いめにあう

……二桃をもって三士を争わせる

◎孔明が愛唱した謡に秘められた天下三分の必殺兵法

光和四年（一八一）、琅邪《ろうや》郡陽都《ようと》（現・山東省臨沂《りんぎ》市沂水《ぎすい》県付近）に生まれた諸葛亮《りょう》こと孔明は、三男一女（三男二女との説もある）の次男であった。

父の諸葛珪《けい》（字《あざな》は子貢《しこう》）は、太山《たいざん》郡の丞《じょう》（副知事）をつとめた地方貴族の出身で、先祖は一説に、司隷校尉《しれいこうい》（警視総監）の諸葛豊《ほう》ともいわれている。

もし、孔明の父母が健在で長生きしておれば、あるいは孔明の生涯も、まったく違ったものになっていたかもしれない。幼くして両親を亡くした孔明は、一〇代半ばで弟の均《きん》をつれて（あるいは姉妹もつれて）、戦火を逃《のが》れ、叔父・諸葛玄《げん》の任地、揚州豫章《ようしゅうよしょう》郡の郡治（都）である南昌《なんしょう》（現・江西省南昌市）へ引きとられた。

この過程は、一般によく知られている。が、多くの三国志の専門家は、この戦火こそが

曹操による徐州《じょしゅう》の牧《ぼく》・陶謙《とうけん》攻撃から生じた戦いであったことを忘れているようだ。

初平四年（一九三）――曹操は三九歳、孔明が一三歳のときである。

曹操の父・曹嵩《そうすう》は、中央の政界から身を退《ひ》き、琅邪に隠居していた。ことの発端は、この老人を陶謙の心ない部下が、金に目が眩《くら》んで殺害したことにある。

人一倍、気性の激しい曹操は、怒り心頭に発し、報復の軍を起こした。徐州の一〇余城を陥落させ、それでも飽き足らず、翌年、再度襲撃しては五城を抜き、その軍勢は東海（黄海沿岸《こうかい》）まで侵攻。通過する町や村では略奪・暴行が繰り返され、数十万もの罪のない人々が虐殺された（『後漢書』陶謙伝）。

孔明が叔父に引きとられた時期と、一致している。

おそらく孔明兄弟は、戦火の惨状を目撃したに違いない。してみれば、孔明の曹操への憎しみは、一〇代からの私怨の部分も、なくはなかったことになる。

さて、豫章の太守に任命された孔明の叔父・諸葛玄は、赴任して間もなく、もう一人の太守・朱皓《しゅこう》を迎えることになる。

――これには、事情があった。

後漢末期のこのころ、朝廷は名のみで何らの実権ももたず、地方に蟠踞《ばんきょ》する軍閥が各々の思惑《おもわく》で、中央の人事を左右していた。

諸葛玄は揚州軍閥を率いる袁術《えんじゅつ》によって、横死した袁術の部下・周術《しゅうじゅつ》の後任にすえられたのである。だが、これは朝廷を無視した私的なものであった。

やがて、正式任命による朱皓《しゅこう》が赴任してきたというわけだ。

裴松之《はいしょうし》の「注」によると、諸葛玄は朱皓を黙殺して居座《いすわ》った。そのため朱皓は、袁術の政敵である揚州の牧・劉繇《りゅうよう》に軍勢を借り、南昌《なんしょう》に押し入って、力づくで諸葛玄を追い出したという。

『献帝春秋《けんていしゅんじゅう》』によれば、このあと西域に駐屯していた玄は、住民の反乱によって殺害されたことになっている。しかし、『資治通鑑《しじつがん》』には、劉繇の部下の笮融《さくゆう》が、独断で朱皓を殺害して太守の地位を押領。怒った劉繇に追討され、やがては住民によって殺されたことが述べられていた。

朝廷は朱皓の後任に、前太傅《たいふ》の掾《えん》（副官）・華歆《かきん》を当てたという。これによれば、諸葛玄の生死のほどは、不明のままである。

あるいは、陳寿《ちんじゅ》の『三国志』「諸葛亮伝」にあるとおり、旧交のあった劉表《りゅうひょう》のもと、荊《けい》州《しゅう》の州治（都）である襄陽《じょうよう》へ、孔明やその弟の均とともに、身を寄せたと納得すべきか

叔父《おじ》も
叔母《おば》もすべて
敵《てき》の手《て》に
かかった
孔明《こうめい》は弟《おとうと》の
均《きん》と敗兵《はいへい》と
いっしょに逃《に》げ
まわった
この時《とき》
孔明《こうめい》は戦《いくさ》と
いうものを
知《し》った

もしれない。

孔明は荆州随一の都城、襄陽にほど近い隆中《りゅうちゅう》の山中に居を定めて、ここに晴耕雨読の生活をはじめた。ときに、一七歳。

この時期、孔明はしきりと、一つの謡《うた》を繰り返し歌っている。「梁父《りょうほ》の吟《ぎん》」という。

歩《あゆ》みて出《い》ず斉《せい》城の門
遥《はる》かに望む蕩陰《とういん》の里
里中に三墳《ふん》有り
累々《るいるい》として正しく相似《あいに》たり
問うならく是れ誰《た》が家の墓ぞ
田彊《でんきょう》と古冶子《こやし》なり
力は能《よ》く南山を廃し
文は能く地紀《ちき》を絶《きわ》む
一朝讒言《ざんげん》を被《こうむ》れば
二桃《にとう》もて三士を殺す

誰《たれ》か能く此の謀《ぼう》を為《な》す
相国斉《しょうごく》の晏子《あんし》なり

意味はたわいない。古《いにしえ》の春秋時代、強大国家であった斉の都を出て、遥か先（南）の蕩陰の里にいくと、三つの大きな墓が、同じような型で並んでいる。誰のものかと問えば、田彊、古冶子（五言句のため、三人めの公孫接《こうそんしょう》が省略されている）の墓だ。彼らは文武に優れた人々だったが、ある日、突然のことに讒言《ざんげん》されて、二つの桃を三名で奪い合い、結局、同士討ちで三人とも死んでしまった。いったいこの策謀は誰によるものなのか。斉の名宰相・晏子《あんし》（晏嬰《あんえい》）である。

この〝二桃をもって三士を殺す〟策略について、当の実行者の晏嬰は、言行録『晏子春秋』を残していた。

これによると、斉の国王景公《けいこう》に仕えた右の三人の豪傑は、いずれも文武に秀でた一騎当千の将軍たちであったが、各々、己れの武功を鼻にかけ、ともすれば傍若無人の振る舞いが多かった。

この三人が私利私欲に走って、手を組むようなことがあれば、斉の国政が危うい――今日でいえば、シビリアンコントロールの利《き》かぬ、クーデターの危険を、宰相の晏嬰は予断した。企業にたとえれば、本業を忘れて派閥抗争に明け暮れるようなものだ。

しかし、三人はいずれも実力をもち、軍閥を形成し、兵隊を背後に従えている。宰相とはいえ、一兵の動員力もない晏嬰にすれば、三人を討つことは不可能に近かった。かりに、一人か二人を騙《だま》し討ちにできたとしても、討ち洩《もら》した者が巻き返しをはかれば、国政は壟《ろう》断《だん》され、大混乱を招くのは明らかであった。

とはいえ、このまま手を拱《こま》ねいているわけにもいかない。悪い芽は、早くつむにこしたことはない。では、どうすればいいか。ここで晏嬰の案じたのが、必殺の〝二桃の計〟であったわけだ。

晏嬰は景公と謀《はか》り、三人が顔を揃えた席上で、二個の桃を下賜品《かしひん》として示しながら、

「三人のうち、われこそ功労抜群と思う者は、遠慮なくこの下賜《くだ》されものの桃を受け、食するがよい」

といった。豪傑は三人、桃は二個しかない。晏嬰は三人の豪傑の自負心をあおり、互いに決闘させようと企んだのであった。

まず、虎を討ち殺して勇名を馳《は》せた公孫接が、素早く一個を摑《つか》みとる。公孫接も馬鹿で

はない。これが晏嬰の策謀であり、三人の仲間割れを狙ったものだと、瞬時に察していた。が、公孫接はそれでも、なお己れの体面にこだわってしまった。

つづいて、三軍を率いて武功を輝かせた田開疆《でんかいきょう》が、残る一個の桃を奪い取った。それをみて怒り心頭に発したのは、いうまでもなく古冶子である。古冶子にいわせれば、「自分はかつて、主君に従い黄河を渡ったおり、泳げないにもかかわらず、水中にもぐって大亀を捕殺し、河伯《かはく》（黄河の神様）と称《たた》えられた。この自分こそ、桃を食す資格がある」

剣を抜いて立ち上がった。

三人は各々に、一廉《ひとかど》の人物である。桃を奪い合って、殺し合ったのかといえばさにあらず、古冶子の言を聞いた先の二人は、俄《にわか》に羞恥《しゅうち》の色を浮かべると、

「なるほど、我らの勇は古冶子に及ばぬかもしれぬ。だが、ここで桃を譲らなければ貪欲といわれようし、桃を手にしなければ武人としての面目が立たない」

結局、公孫接と田開疆はともに桃を戻し、進退きわまって自殺して果てた。これをかたわらで眺めていた古冶子も、やがて、

「二人を死なせて、わたし一人が残っては不仁となる。つまらぬことを大声で叫んだのは、まさに不義であった。これを恥じて死なねば勇なきなりと笑われよう」

桃を手にすることなく、その場で自害してしまった。

——孔明はこの計略を企てた晏嬰に、かぎりない憧憬《しょうけい》の念を抱いていた。しかし、無名時代の孔明が、詐略《さりゃく》ばかりを考えていたとすれば、その姿は悽愴《せいそう》ですらある。

弱年のころ、殺到する曹操の軍勢に故郷が蹂躙《じゅうりん》されるのを、身を固くして眺めていた孔明は、心ひそかに曹操への復讐を誓っていたのかもしれない。

◎荀彧《じゅんいく》を自殺に追い込んだ曹操の秘計

曹操の参謀・荀彧（字は文若《ぶんじゃく》）は、曹操が魏公の位に就《つ》くことに反対し、不興をかって、ついには死を迎えねばならなくなったが、これも形を変えた〝二桃の計〟によるものであったといえる。

荀彧は曹操が黄巾賊を討滅して名をあげ、広く賢士を求めていると聞き、曹操こそ傾いた後漢帝国を再建してくれる英雄と信じ、甥《おい》の荀攸《じゅんゆう》とともに幕下に馳せ参じた人物であった。以来、曹操は己れの天下制覇への夢を、荀彧の献策によって、一歩一歩、現実のものとしていった。だが、華北に絶大な支配権を確立した曹操は、長史の董昭《とうしょう》らに、

「魏公の位にのぼり、九錫《きゅうせき》を加えられるべきです」

とお世辞をいわれると、ついその気になってしまう。

公の上位に王があり、その上が帝位であった。ことここにいたって、荀彧は曹操の野心を見抜いたが、すでにとき遅し。

「丞相閣下、それはなりませぬ。閣下はもともと、天下を救わんがために義勇軍を起これ、漢王朝を補佐されて参りました。これからも王朝に忠誠を尽くし、謙譲《けんじょう》の節操を保ちつづけるべきです。君子たる者は、人々を徳によって慈《いつく》しむもの。臣下としての分を越える身分を、願うものではありませぬ」

だが、荀彧の諫言《かんげん》も空《むな》しく、曹操は魏公となった。

二人の間には、決定的な亀裂が生じる。

建安十七年（二一二）冬一〇月、曹操から荀彧に、南征に同行するように軍令が下った。荀彧はこれを、自分を殺害するための罠《わな》とみてとった。病気と称して出陣を拒否すると、次には曹操のもとから、見舞品がおくられてくる。

桃ではなく、蓋付きの器であった。

みれば、曹操の自筆で封がしてある。おそるおそる封を切り、蓋を開けると中にはなにも入っていない。荀彧はもはやこれまで、と観念すると服毒自殺をとげた。

中身がなければ、曹操へのお礼言上ができない。曹操に後日、

「見舞いの品は届いたであろうか。いかがであったか？」

と聞かれても、これでは答えようがない。なまじ当て推量にお礼言上をすれば、曹操は、

「あれは中身を入れ忘れて封をしたのだ。いい加減なことをいうとはなにごとか」

と因縁をつけるに違いなかった。返礼しなければ、その非礼をとがめられよう。

さしもの名参謀も、ついに諦めたというわけである。ときに荀彧は、五〇歳であった。

韓非子は「事異《ことこと》なれば則《すなわ》ち備《そな》え変《へん》ず」（物事の状況が違えば、それにつれての準備も、また変えなければならない）といっている。

〝二桃の計〟は一面、謀られる側の怠慢《たいまん》ぶりをも指摘している点を忘れてはいけない。

企業における派閥争いに関していえば、極力、一歩さがって対応する姿勢が賢明といえそうだ。〝二桃の計〟は不意にやってくる。しかも、これを逃れることは、至難の技と知るべきであろう。

勝つ条件

【第42計】

隔《かく》岸《がん》観《かん》火《か》の計

……岸を隔《へだ》てて火を観《み》る

［兵法三十六計］

敗れる理由　戦いには先に動いて失敗する場合がある

◎曹操が袁一族討滅に用いた動かざるの計

「隔岸観火《かくがんかんか》」とは、対岸の火事を高みの見物と決め込むことである。「坐山観虎闘」（山に坐《ざ》して虎の闘《たたか》うのを観る）、あるいは「坐観成敗」（坐して成敗を観る）といった類の言だ。

人間学にたとえればどうなるのか。

よしんば、兵力において当方が優勢であろうとも、やみくもに攻めたてればよいというものではない。戦えば必ずこちらも出血を強いられよう。それでは勝つにしても、あまり褒《ほ》められた勝ち方とはいえまい。

とくに相手側に内紛の兆《きざ》しがあり、秩序も乱れていれば、わが方はそれを静観して、相手側の自滅を待つのが賢明というもの。相手が内紛を起こしているときに、あえてつけ入って攻めるのも一つの方法ではあるが、そのために、かえって相手側を団結させてしまうことだってある。また、追いつめられて〝窮鼠猫《きゆうそ》を嚙む〟ことも、ないとはいえない。

いずれにせよ、得策とはいえない。そんな場合は、やはり高みの見物を決め込むにかぎる。相手の自滅を待つ、というのがこの策略の真骨頂――。

相手の内部抗争、分裂、内訌《ないこう》は、当方にとっては絶好のつけ入るチャンスである。そのような場合は遠慮なく、その間隙に入り込んで相手を倒してしまえ、というのが先にみた〝趁火打劫《ちんかだきよう》の計〟（第21計）であった。

〝隔岸観火の計〟も、相手側の内部抗争や内部矛盾を前提にしている。だが、このほうはあくまで静観して動かない計略である。

「濡れ手で粟《あわ》」を狙っているという点では、〝趁火打劫の計〟よりも、はるかに老獪《ろうかい》であるといえそうだ。

この老獪きわまりない戦術を駆使して、みごとに宿敵の一族、後継者を皆殺しにしたのが曹操であった。

「官渡《かんと》の戦い」で袁紹《えんしよう》に勝利し、華北一帯を支配下におさめた曹操は、当然のこととして、この宿敵の息の根を断とうとした。ところが、敗戦後、当の袁紹はほどなく病没。

そして、あろうことか三人の子のうち、長子と三子が後継者の座を争って、大々的な内紛が起こった。

曹操はこれを静観しつづけた。

攻めれば、かえって内紛が静まり、外敵に対して一致団結しかねないと読んだのである。やがて、長子がこの世を去った。頃合いもよしと見てとった曹操は、一気に袁一族の領土を制圧する。

彼らにはもはや、戦う余力は残っていなかった。追われた二子の袁熙《えんき》、三子の袁尚《えんしょう》は、北方の異民族烏丸《うかん》のもとに逃れた。

そこで曹操は、二〇七年、烏丸征伐に乗り出し、これを撃破した。袁尚、袁熙はさらに、遼東の公孫康《こうそんこう》を頼って落ちのびていった。公孫康はこのころ、遼東に一個の勢力を保持していた。一度は曹操に、服属を拒否している。

袁兄弟にすれば、あわよくば公孫康にとってかわり、遼東に立て籠って、曹操に対抗しようと考えた形跡がある。

曹操の幕僚たちは、事態が紛糾せぬうちに軍を遼東にすすめ、公孫康を討伐し、あわせて袁兄弟をも葬るべきだと進言した。が、曹操は動かなかった。

「わざわざ、軍を動かすまでもない」

といって、都に引き上げてしまう。するとどうであろう、程なくして、公孫康から袁尚・袁熙両人の首が届けられたのである。

なぜ、こうなったのか、幕僚たちには、理解できなかったようだ。そこで曹操にわけを訊ねたところ、彼は答えてこういった。

「公孫康は袁紹らの勢力を受け入れたものの、内心では取ってかわられるのを恐れていた。しかし、予《よ》が大軍を率いて、性急に攻撃すれば彼らは、否応なく力を合わせて抵抗したであろうが、傍観していれば仲間割れするのは、自然の成り行きというものだ」

まさに、〝隔岸観火の計〟の真髄《しんずい》というべきであろう。

別項で企業内の派閥争いには傍観することをお薦《すす》めしたが、とくに派閥の力が拮抗《きっこう》している場合は、一方へ与《くみ》すると火傷《やけど》を負うこともありえる。洞察力を磨くのも、この計略の重要なところであることをお忘れなく。

【第43計】勝つ条件

以《い》逸《いつ》待《たい》労《ろう》の計

……逸を以《も》って労を待つ

［兵法三十六計］

敗れる理由 勢いのある相手と戦うと、こちらのダメージが大きくなる

◎戦わずして勝つ司馬仲達の究極兵法

「以《い》逸《いつ》待《たい》労《ろう》」とは、味方を「逸」——すなわち休息を十分にとって、余裕のある状態に保ちながら、一方で、敵の「労」＝疲れを待つ策略をいう。

出典の『孫子』の兵法に、

「有利な場所に布陣して遠来の敵を待ち、十分な休養をとって敵の疲れを待つ」（「軍争篇」）

とある。

ただし、敵を待つあいだにも、討つべき手は抜かりなく打ち、その一方で、英気を養い、力を蓄え守りを固めて、相手の疲れを待つ。そして先方に疲労が表れたとみるや、一気呵《か》成《せい》にこれを攻めて勝利を得る戦法である。

武道の世界では、これを「後《ご》の先」という。

別項の〝瞞天過海《まんてんかかい》の計〟（第1計）でみた劉備の、「夷陵《いりょう》の戦い」における敗戦も、まさにこの〝以逸待労の計〟の原則にかなっている。

同様に、蜀漢帝国の丞相となった諸葛孔明が、五次にわたって北伐を敢行した際、守りに徹して積極的に打って出ず、ついには五丈原で孔明を死にいたらしめた司馬仲達《しばちゅうたつ》の戦法も、この〝以逸待労の計〟であったといえよう。

見かけは守専《しゅせん》一方で、さえない仲達だが、その軍勢はついに無傷のままで、戦わずして孔明を魏領へ入れることのなかった仲達は、孔明の死後、魏において重きをなし、間もなく、その孫・司馬炎《えん》によって帝国を簒奪《さんだつ》するところとなった。

もし、孔明と度《たび》重ねて矛《ほこ》を交《まじ》えていたとすれば、兵力に勝《まさ》った仲達が勝利していたとしても、その名声には多少の傷もつき、兵にしてもそれ相応に損なわれた公算は高い。

仲達の卓越さは、短期決定戦を望む孔明の心中を読みとり、決してその策に乗ることもなく、しかも、自身が戦いの主導権を握りつつ、つねに余裕をもって、戦いに臨んだところにあった。

さらにいえば、仲達は自軍が〝守専〟に慣れっこになり、戦闘能力を低下させないように気を配っていた。この点にも学ぶべきものは少なくない。

蜀軍《しょくぐん》に多大《ただい》の被害《ひがい》を与《あた》えたといってもわが軍《ぐん》の被害《ひがい》はそれ以上《いじょう》だった
もしこの本陣《ほんじん》を奪《うば》われていたら各陣地《かくじんち》は簡単《かんたん》に次々《つぎつぎ》と落《お》とされ長安《ちょうあん》もあやうくなっていた
おぬしらは兵法《へいほう》を知《し》らず血気《けっき》の勇《ゆう》にはやったためにこの結果《けっか》となったのじゃ　これより以後《いご》決《けっ》して動《うご》くな軍法《ぐんぽう》に背《そむ》く者《もの》は処刑《しょけい》する
こうして再《ふたた》び司馬懿《しばい》は守《まも》りを固《かた》めた
魏
魏

【第44計】勝つ条件

仮《か》痴《ち》不《ふ》癲《てん》の計

☯……痴《ち》を仮《いつわ》るも癲《てん》せず
［兵法三十六計］

敗れる理由　あるがままの自分を見せることで失敗する場合がある

◎〝竹林の七賢〟が生き残りをかけた凄絶な策略

戦機の熟さない間は、利口ぶって軽挙妄動してもはじまらない。むしろ、阿呆《あほう》になった振りをして、おとなしく、行動は極力ひかえるに越したことはない。間違っても、乱暴な動きをしてはならない。

仮痴不癲《かちふてん》の「痴」と「癲」は一見して似ている状態だが、「痴」はいわゆる、おとなしい阿呆で、「癲」は、気がふれて狂暴性をもつ。両者には、静と動の大きな差異があった。

対人関係やビジネスにおいては、あくまで「痴」でいくほうがいい。したたかな計算を胸に秘めながら、その野望たるや決して表《おもて》にあらわさないのが得策だ。

これを『兵法三十六計』では、

「雲雷、屯《チユン》ナリ」（冬の雷雲が力を蓄え、時を待っている姿とそっくりだ）

という。

別項の〝無能安示《むのうあんじ》の計〟（第8計）で、クーデターを起こすべく司馬仲達が、ボケを装って見事に政敵の曹爽《そうそう》とその一派を騙《だま》し、彼らの警戒心を解いた話はすでに記した。

ここでは、そうした「痴」の演技が、いかにむずかしいものかを、別の例を引いてみたい。

曹操・曹丕《そうひ》父子は、武人として卓越しているとともに、文才にもあかるく、本拠地の鄴《ぎょう》（河北省邯鄲《かんたん》市臨漳《りんしょう》県）では、その保護のもと、文化サロンともいうべきものが花開き、多くの優れた詩人、文学者を輩出した。

なかでも、孔融《こうゆう》（孔子の末裔《まつえい》で反董卓連合軍に参加）以下、阮禹《げんう》・徐幹《じょかん》・陳琳《ちんりん》・応瑒《おうとう》・劉楨《りゅうてい》・王粲《おうさん》の七人を代表格に数えて、彼らを〝建安の七子〟と人々は呼んだ。

これら七人は揃って雄渾《ゆうこん》な詩風を有し、精神はきわめて自由闊達《かったつ》。情感のほとばしりは、豊かな想像力をいかんなく発揮、奔放でしかも独自の美意識を創り上げていた。

ところが、魏が建国されて、曹操が「公」から「王」となり、曹丕の代に献帝からの禅譲がなされる過程で、〝建安の七子〟は意気消沈——なかには孔融のように、権力によって誅される者も出る始末となった。

さて、〝建安の七子〟の次代に現われたのが、〝竹林《ちくりん》の七賢《しちけん》〟と称される文化人たちであった（阮籍《げんせき》・嵆康《けいこう》・山濤《さんとう》・劉伶《りゅうれい》・阮咸《げんかん》・向秀《しょうしゅう》・王戎《おうじゅう》の七人）。

なかでも阮籍は、その代表的人物といえるだろう。

阮籍の父は先の〝建安の七子〟の阮禹であり、その職は曹操の秘書官であった。阮禹が死んだとき、曹丕はその未亡人に慰めの詩を贈っているが、その詩の一節に、

「遺孤《いこ》を撫《いつく》しみて太息《ためいき》し」

とある。この遺孤（遺児）こそが、阮籍であった。

彼は長じるにおよんで、

「礼俗の士を見れば、白眼《はくがん》を以て之《これ》に対す」（『晋書』阮籍伝）

とあるように、気の合った友人とはきわめて普通（青眼《せいがん》）に接したが、気にいらない人々には、賤《いや》しみと冷厳さをこめて「白眼視《はくがんし》」で接した。この阮籍の字語は、現在も生きつづけている。

――阮籍は明らかに、〝仮痴不癲の計〟を用いていた。証左は次のとおりである。

阮籍が母の訃報《ふほう》に接したときのこと。彼はそのおり碁を囲んでいたが、そのまま碁を打ちつづけ、やがて、酒を三升ばかり飲んで号泣し、血を数升も吐いたとの伝承がある。

服喪中も酒肉を飲食し、俗世間のしきたりに従うことはしなかった。当然のことながら、

周囲の人々には、変人扱いをされている。では、阮籍は正真正銘の変人であったかといえば、どうも、そうとばかりはいえないようだ。

彼はその時『詠懐詩《えいかいし》』の中で、独白している。

「終身、薄氷を履《ふ》む、誰か知る我が心の焦《こ》がるるを」

酒に酔い、無節制な生活に日々をおくり、傍目《はため》には自由気ままな生き方と見えるものの、阮籍自身は、毎日、薄氷を踏む思いで過していたというのだ。いいかえれば、阮籍は生き残るための方法として、こうしたポーズをとっていた。

なにしろ、魏帝国の実権は、すでに曹氏から司馬氏へと移っており、曹氏に近い者は、武将であれ文化人であっても、いつ、なんどき粛清されるかもしれない情勢下にあった。

当時の文武の官僚、士大夫《しだいぶ》は、亡びゆく魏帝国に殉《じゅん》ずるか、それとも、実権者の司馬氏の軍門に降るか、否応《いやおう》なしの選択に迫られていた。いうまでもないことだが、決断を下すには、より上級者であればあるほど、深刻な問題であったろう。

こうした政治情勢のなかで、魏帝国を積極的に支持し、司馬氏に楯突くほどの力はないとはいえ、心情として、司馬氏の機嫌をとり、追従するのを潔《いさぎよし》としない人々もあった。

〝竹林の七賢〟は、まさしくこの類の代表で、彼らは極力、眼前に繰り広げられる政争を避け、韜晦《とうかい》することによって、消極的ながら、己れのもつ抵抗の意思を示した。

「韜」はもともと〝弓をいれる袋〟のことで、しまい込むの意。晦は〝暗い、くらます〟の意味で、あわせて自分の才能などを隠し、人の目をくらますこと。

が、正面きっての示唆運動は、生命《いのち》の保証がなかった。

権力者の逆鱗に、少しでもふれようものなら、たちまちにして処刑されてしまう。そこで〝仮痴不癲の計〟に拠《よ》ったわけだが、この演技はきわめてむずかしかった。僅かであっても、〝癲《みだ》れ〟が表面に出れば、粛清の対象になったわけだ。

現に、阮籍と同じ〝竹林の七賢〟の一人、嵆康《けいこう》は曹操の曾孫《ひまご》にあたる女性を娶《めと》っていたために、天寿をまっとうすることができなかった。

「上は天子の臣とならず、下は王侯に仕えず、時を軽んじ、世に傲《おご》り、物用を為《な》さず、今に於《おい》て益なく、俗に於て敗《やぶ》る有り」

わかり易い言葉に直せば、

「任官もせずに、無為《むい》に世を過したのはけしからんことである」

との理由によって、処刑されたのであった。

阮籍は家内に閉じこもり、何ヵ月もの間を読書三昧《ざんまい》に耽るかとみれば、山中に分け入って、帰らぬことも珍しくなかったという。ときおり、不意に思いたって馬車を走らせたが、この〝痴〟を仮《よそお》う人は、道があろうがなかろうが、構わずに馬車を走らせ、もはやこれ以上馬車が進めないところまで行き着くと、大声で泣きながら自宅へ戻っていった。

司馬昭《しばしょう》の時代、大将軍参謀に任命された阮籍は、自らこの栄職を固辞すると、閑職の離宮警備の司令官就任を願い出ている。理由を問われた阮籍は、

「抵抗しているのだ」

などとはいわない。

離宮警備隊の料理人に、酒造りの名人がいて、その酒倉には三百石もの酒が仕込まれている旨を聞いたからだといった。阮籍は着任するなり、〝竹林〟の仲間である劉伶を呼び、連日、酒浸《びた》りの生活を過ごして生涯を終えた。

ついでながら、酒豪で名高かった劉伶は、そののち行方不明となり、音楽の名手で、阮籍の甥でもあった阮咸も、同様に姿をくらませている。

攻撃をうけてからあわてて、身を守ろうとしても遅い。やはり事前に、常日頃から予防の策は講じておかねばなるまい。対人関係においても、ビジネスの世界においても、平素からの工夫が大切である。

勝つ条件 【第45計】

走為上《そういじょう》の計

敗れる理由 人は逃げることを恥と考える

……走《に》ぐるを上と為《な》す
［兵法三十六計］

◎曹操がつぶやいた「鶏肋《けいろく》」の策

走為上《そういじょう》とは、俗にいう「三十六計逃ぐるにしかず」である。つまり、戦わずして逃げるのが、他のいかなる策よりも有効という場合をさす。『兵法三十六計』の三十六番目——。

『冷斎夜話《れいさいやわ》』には、

「三十六計、走るを上計《じょうけい》と為《な》す」（軍略には三十六計あるが、そのなかで逃げて身を全うするのが、第一の良計である）

とある。

もともとの中国の兵法書には、日本にときおりみられる〝当たって砕けろ〟式の玉砕戦法、〝滅びの美学〟は存在しない。勝算の見出せない戦《いくさ》は、やらないのが基本的認識といっていい。

たとえば『孫子』には、

「善《よ》く戦う者が勝つとは、勝ち易《やす》きに勝つ者なり」(形篇)

とあり、また『呉子』にも、

「可《か》を見て進み、難を知っては退く」(料敵)

とある。当然のことではないかと思えるが、面子《メンツ》にこだわって無謀な戦いをし、敗北した例は、古今の戦史に数えきれぬほどあった。

そもそも凡庸な将軍ほど、進むを知って、退くことの大切さを知らないもののようだ。

『三国志演義』の中に、魏の曹操が、漢中をめぐって劉備と死闘を演じた話が出てくる。

つねに劉備には勝率のよい曹操が、めずらしく苦戦に陥った。劉備が要害に布陣し、懸命な守りに徹したからであるが、このままではいたずらに傷口を広げるだけ、と判断しつつも、曹操は退却に踏みきれずにいた。

そんなある夜、見張り役に合図を問われた曹操は、不意に、

「鶏肋」

とつぶやいた。

居合わせた人々には、その意味がわからない。

ところが、楊修《ようしゅう》という切れ者の参謀だけが、この意味を理解して、さっさと引きあげの準備にとりかかった。他の者がそのわけを訊《たず》ねると、楊修はすまし顔で答えた。

「鶏肋とはつまり、鶏のがらのことです。このがらは捨てるにはもったいない。が、食べたくとも肉はない。このたびの戦いは、まさにこの鶏肋。わたしは閣下が撤退したいのだと理解したのです」

曹操は己れの心底を読みとられ、このできすぎる参謀を処刑したが、間もなく、漢中を放棄して都に帰還した。

もし、このとき、プライドや地位、経歴にこだわっていたとすれば、曹操軍の損害はどれほど増えたかしれない。

ビジネスの世界においても、攻めることより退くことのほうがはるかに難しい。人は、とくに己れに自負心のある人こそ、面子《メンツ》にこだわって退くを潔《いさぎよ》しとしないものだ。企業においてもそのことはいえる。

国際戦略を謳《うた》い、海外に大きなネットワークをもった企業が、おりからの不況で海外拠点の縮小をせねばならないというのは、まさに断腸の思いであろう。

だが、撤退はイコール終わりではない。次なる戦略の、スタートと考えるべきだ。

【第46計】勝つ条件

進《しん》退《たい》の計

……進んでは退《しりぞ》く

敗れる理由 力不足の状態にもかかわらず、戦いを始めてしまうと勝てない

◎赤壁の戦いにみる劉備保身の策略

『三国志演義』では諸葛孔明が大活躍して、赤壁の戦いを呉軍の勝利に導くが、残念ながら、これはフィクションでしかない。

では、実際の戦いにおいて、孔明やその主君劉備はどうしていたのであろうか。

劉備の率いる一万二千の兵（諸説ある）は、当初、長江《ちょうこう》の夏口《かこう》からやや下流にあたる鄂県《がくけん》（現・湖北省鄂州《がくしゅう》市鄂城区）の樊口《はんこう》に駐屯していた。

呉の大都督《だいととく》・周瑜《しゅうゆ》が、艦隊を率いてやってくるに及び、劉備らはそれに合流したのであったが、劉備軍は呉軍の後方に、しかも、離れた地域に陣取った。

つまり、劉備は赤壁の戦いでは、同盟者である呉軍の勝利を確信していなかったことになる。状況に応じて、呉軍が勝利すれば進軍し、万一、逆に敗れることになれば、いの一

番に逃げる算段をしていたことになろう。

しかし、この劉備の〝及《およ》び腰〟を笑うことはできない。

小なるもの、弱いものは、つねに身の保全を第一に考える。完敗すれば、もはや再起はないのだから、慎重に処してしすぎることはない。

ビジネスの世界でも、若輩者は、その業界にあかるくなるまでは、なにかにつけ、この〝進退《しんたい》の計〟を用いるのが無難かもしれない。

また、企業内の派閥争いも極力、この計をもって中庸《ちゅうよう》の路線をいくほうがいい。多少派閥に煙たがられ、出世が遅れたとしても、長い目ではそのほうがよかった、という事例のなんと多いことか。

●参考文献

『漢書・後漢書・三国志列伝選』本田済・編訳　平凡社（中国の古典シリーズ）
『韓非子』柿村峻・訳　平凡社（中国古典文学大系五）
『魏晋南北朝通史』岡崎文夫・著　弘文館
『交渉学　相手を読み切る戦術』加来耕三・著　時事通信社
『三国志演義』（上・下）立間祥介・訳　平凡社（奇書シリーズ）
『三国志　男の器量の磨きかた』加来耕三・著　潮出版社
『三国志・おもしろ意外史　諸葛孔明99の謎』加来耕三・著　二見書房（ＷＡｉＷＡｉ文庫）
『三国志おもしろ前史　項羽と劉邦ｅｔｃ．99の謎』加来耕三・著　二見書房（ＷＡｉＷＡｉ文庫）
『三国志・とっておき99の謎』加来耕三・著　二見書房（ＷＡｉＷＡｉ文庫）
『三国志　人を動かす極意』加来耕三・著　実業之日本社
『〈三国志の謎〉徹底検証　諸葛孔明の真実』加来耕三・著　講談社（講談社文庫）
『三十六計新編』李炳彦・編　戦士出版社
『三十六計』無谷・訳注　吉林人民出版社
『三十六計』（上・下）常修莉・編　湖南出版社
『三十六計の策』香坂順一・著　東京美術（中国人と成語一）
『三十六計』儒墨准之・編　山西人民出版社
『諸葛亮形象史研究』陳翔华・著　浙江古籍出版社
『諸葛亮研究三編』王汝涛・于华凱・王瑞功・編　山東文芸出版社
『諸葛亮兵法謀略』宇光・編　陝西旅游出版社
『世説新語』森三樹三郎・訳　平凡社（中国古典文学大系九）
『孫子』金谷治・訳注　岩波書店（岩波文庫）
『帝王謀臣史記』郑延平・姚太中・共著　山東文芸出版社
『三国志』（コミック）横山光輝・著　潮出版社

著　者

加来耕三（かく こうぞう）

昭和33年（1958）、大阪市生まれ。

奈良大学文学部史学科を卒業。同大学研究員を経て、歴史家・作家として正しく評価されない人物・組織の復権をテーマに、精力的に著作活動を行なっている。

「歴史研究」編集委員。

三国志関連の著作には、『〈三国志の謎〉徹底検証　諸葛孔明の真実』（講談社・講談社文庫）、『人物諸葛孔明』（潮出版社）、『90分でわかる三国志の読み方』（監修／かんき出版）などがあり、中国古典に関しては、『中国怪異譚　平妖伝』（翻訳／小学館・地球人ライブラリー）、『交渉学　相手を読み切る戦術』（時事通信社）ほか、多数ある。

＊本書は、2005年3月に小社より刊行された『三国志　人を動かす極意』を加筆・修正し、新書化したものです。

じっぴコンパクト　**032**

三国志《さんごくし》　勝《か》つ条件《じょうけん》　敗《やぶ》れる理由《りゆう》

2009年3月29日　初版第1刷発行

著　者…………………**加来耕三**
発行者…………………**増田義和**
発行所…………………**実業之日本社**
〒104-8233　東京都中央区銀座1-3-9
電話（編集）03-3535-2393
　　（販売）03-3535-4441
http://www.j-n.co.jp/
印刷所…………………**大日本印刷**
製本所…………………**ブックアート**

ISBN978-4-408-10759-2（学芸）